Arbeitsheft
Deutsch
Werkzeug Sprache

Grundlagen

von
Gülçimen Güven
Gabriele Reinhardt

Handwerk und Technik · Hamburg

INHALT

Ich und die anderen
Ich und die anderen – sich kennenlernen 4

Sprache hat viele Gesichter
Die Funktion von Sprache 8

Kommunikation im privaten und beruflichen Alltag
In unterschiedlichen Situationen kommunizieren 10
Wie funktioniert Kommunikation? 12
Informieren und nachfragen – das Informationsgespräch 14
Aktives Zuhören 15
Alles muss raus – Verkaufsgespräche führen 16
Argumentieren – einen Standpunkt vertreten 20
Die Diskussion 24
Festhalten, was los ist – das Protokoll 26

Schriftlich kommunizieren
Berichten 28
Das Berichtsheft 30
Die Vorgangsbeschreibung 32
Die Wegbeschreibung 34
Die Produktbeschreibung 36
Eine Person beschreiben 38
Offizielle Mitteilungen – Geschäftsbriefe 42

Lese- und Arbeitstechniken
Lese- und Arbeitstechniken: Texte besser verstehen – Lesetechniken 46
Schwierige Texte leichter verstehen – die 5-Schritt-Lesetechnik 52
Gedanken strukturieren – die Mindmap 56
Schaubilder verstehen und selbst erstellen 58
Texte überarbeiten 62

INHALT

Nicht alle sind gleich – Texte unterscheiden

Nicht alle sind gleich – Texte unterscheiden	64
Die Nachricht – schnell und gut informieren	66
Der Unfallbericht	68
Die eigene Meinung zu etwas mitteilen – der Kommentar	70
Werbung	74
Erkennen und anwenden – sprachliche Auffälligkeiten	76
Novelle, Kurzgeschichte, Märchen – kurze Erzählungen	78

Texte verfassen

Die Inhaltsangabe	84
Die freie Erörterung	90
Sachtextanalyse	96

Medien

Was sind Medien?	104
Presse – Boulevard und Abonnement	106

Informationen auswählen und zitieren

Informationen auswählen und überprüfen – exzerpieren	112
Die Quellenangabe muss sein – richtig zitieren	114

Sich bewerben

Stellenanzeigen bewerten	118
Die Bewerbungsunterlagen	122
Der Lebenslauf	124

Sachwortverzeichns	126
Impressum	126

ICH UND DIE ANDEREN

Ich und die anderen – sich kennenlernen

1 Füllen Sie den Steckbrief mit Ihren persönlichen Daten aus.

Name:

Alter:

Geburtsort:

Wohnort:

Augenfarbe:

Haarfarbe:

Sprachkenntnisse:

Ausbildungsbetrieb/ Schule

Das mache ich in meiner Freizeit am liebsten:

Das möchte ich in meinem Leben noch unbedingt tun:

hier können Sie ein eigenes Foto einkleben

2 Schreiben Sie Ihren Namen von oben nach unten in die Kästchen. Notieren Sie zu den jeweiligen Buchstaben auf den Schreiblinien Adjektive, die Eigenschaften oder Eigenarten beschreiben, die Sie ausmachen.

Deutsch Werkzeug Sprache ISBN 978-3-582-48040-8

ICH UND DIE ANDEREN

3 Tauschen Sie sich mit einer Tischnachbarin oder einem Tischnachbarn über Ihre persönlichen Eigenschaftswörter aus und halten Sie eine Gemeinsamkeit fest.

4 Kreuzen Sie an, was auf Sie zutrifft.
1 = trifft zu, **2** = trifft teilweise zu, **3** = trifft eher nicht zu, **4** = trifft nicht zu

	1	2	3	4
Sprachbewusstsein				
Ich kann mich mündlich korrekt ausdrücken.				
Ich beherrsche die deutsche Rechtschreibung.				
Ich kann situationsgerecht sprechen.				
Sozialkompetenz				
Ich kann mich in andere Menschen einfühlen.				
Ich kann andere beraten.				
Ich kann in der Gruppe gemeinsam Probleme lösen.				
Technisches Verständnis				
Ich erfasse rasch, wie technische Geräte funktionieren.				
Ich kann Maschinen bedienen und reparieren.				
Ich kann mit Technik und Werkzeugen umgehen.				
Medienkompetenz				
Ich kann mit Nachschlagewerken umgehen.				
Ich kann mir Informationen aus dem Internet beschaffen.				
Ich kann Informationen aussortieren und verarbeiten.				

5 Werten Sie Ihre Selbsteinschätzung aus Aufgabe 4 aus.
a) Was sind Ihre zwei größten Stärken?

b) Worin sehen Sie eine Schwäche, an der Sie gern arbeiten möchten?

c) Wie kann die Schule Sie hierbei unterstützen?

Deutsch Werkzeug Sprache ISBN 978-3-582-48040-8

ICH UND DIE ANDEREN

6 Lesen Sie den folgenden Text zum Thema Menschenkenntnis.

> Die Frau mit den hochhackigen Schuhen, die sich an der Supermarktkasse vordrängelt, ist eine rücksichtslose Egoistin. Die Heulsuse der Abteilung bricht bei jeder Kleinigkeit in Tränen aus und der Typ, der mit seiner dicken Hornbrille immer vor dem Rechner sitzt, ist bestimmt ein Nerd. Wenn es um andere Menschen geht, urteilen wir sehr schnell und für jeden haben wir eine Schublade, die wir großzügig verwenden. Wir machen uns nicht die Mühe, den Menschen tatsächlich kennenzulernen.
>
> Der erste Eindruck entsteht durch das äußere Erscheinungsbild. Die Kleidung, die Körperhaltung und die Stimme werden häufig als Kriterien verwendet, um Menschen zu bewerten und wie so oft muss man erkennen, dass der große muskulöse, dunkelhaarige Nachbar gar kein gefährlicher Mensch ist, sondern der liebe Erzieher, der im nachbarschaftlichen Kindergarten arbeitet.
> Der Charakter ist so komplex, dass der erste Eindruck nicht stimmen kann. Wir stellen ungern den intuitiven Eindruck in Frage, also ist es erst einmal sicherer, am ersten Eindruck – an der Schublade – festzuhalten. In Schubladen zu denken, gibt den Menschen Sicherheit, aber erlaubt auch nicht einen Menschen wirklich kennenzulernen.
>
> Das Eingestehen, dass man sich eventuell in einem Menschen geirrt haben könnte, nennt man in der Psychologie Bestätigungsfehler.
> Wer nicht in diesen Schubladen denken will, sollte bewusst nach Merkmalen suchen, die den eigenen Eindruck widerlegen könnten.
>
> Ist uns jemand insgesamt sympathisch, dichten wir ihm viele gute Eigenschaften an, während man Menschen mit unsympathischer Ausstrahlung schnell einen negativen Charakter zuschreibt. Dieser Halo-Effekt zeigt, dass Sympathie oder Antipathie darüber entscheiden, wie wir jemanden in seiner Gesamtheit wahrnehmen.
> Daher gehört es zur Menschenkenntnis, dass man seinen eigenen Eindruck in Frage stellt und offen bleibt und das ist gar nicht so einfach. Ein Psychologe sagte einmal: „Es gibt nur ganz, ganz wenige echte Menschenkenner."

7 Notieren Sie die Kernaussagen des Textes.

ICH UND DIE ANDEREN

8 Im Folgenden finden Sie Hinweise zum eigenen Verhalten, die helfen können, andere besser einzuschätzen.
a) Überlegen Sie in Partnerarbeit, wie man diese Tipps im Berufs- bzw. Privatleben umsetzen kann.
b) Halten Sie Ihre Überlegungen auf den Schreibzeilen fest.

Verhaltensweisen, die helfen, andere besser einzuschätzen

1. Neugierig sein.

2. Interesse zeigen.

3. Kein absolutes Urteil fällen.

4. Eigene Haltung hinterfragen.

5. Schubladendenken vermeiden.

SPRACHE HAT VIELE GESICHTER

Die Funktion von Sprache

> In sprachlichem Handeln lassen sich **drei Funktionen** erkennen:
> - Appellieren: zu etwas veranlassen;
> - Ausdrücken: seine inneren Gefühle und Gedanken mitteilen;
> - Informieren: über etwas informieren bzw. in Kenntnis setzen.
>
> Eine einzelne sprachliche Handlung kann mehrere Funktionen innehaben. Welche Funktion im Vordergrund steht, hängt ab
> - vom Kontext, d.h. der Situation (Ort, Zeit, Umstände),
> - von der Beziehung der Beteiligten zueinander.

1 Der Satz „*Dein Hund bellt.*" wird in unterschiedlichen Situationen gesagt. Kreuzen Sie an, welche Sprachfunktion in der jeweiligen Situation überwiegt.

a) Frau Müller hat sich gegen ihren Mann durchgesetzt und sie haben sich einen Hund angeschafft. Es ist drei Uhr nachts und der junge Hund bellt, weil er raus muss. Frau Müller schläft, Herr Müller weckt sie und sagt: „Dein Hund bellt."

Ihr Mann möchte über den Sachverhalt **informieren**, dass der Hund bellt.

Ihr Mann möchte seinen Ärger darüber **ausdrücken**, dass der Hund bellt.

Ihr Mann möchte an die Frau **appellieren**, dass sie aufstehen und mit dem Hund rausgehen soll.

b) Ein Suchhund durchkämmt ein felsiges Gelände auf der Suche nach einer vermissten Person. Der Hundeführer und eine Rettungssanitäterin folgen ihm. Der Rettungssanitäter sagt: „Dein Hund bellt."

Die Rettungssanitäterin möchte ihren Ärger darüber ausdrücken, dass der Hund bellt.

Die Rettungssanitäterin möchte darüber informieren, dass der Hund bellt.

Die Rettungssanitäterin möchte an den Nachbarn appellieren, dass er den Hund zum Schweigen bringen soll.

c) Frau Hansen hat zwischen 22:00 und 24:00 Uhr kein Auge zugetan, obwohl sie am nächsten Tag früh raus muss, denn der Nachbar hat seinen jungen Hund alleingelassen. Als sie ihn nach Hause kommen hört, reißt sie die Wohnungstür auf und ruft wütend: „Dein Hund bellt!"

Die Frau möchte ihren Ärger darüber ausdrücken, dass der Hund bellt.

Die Frau möchte darüber informieren, dass der Hund bellt.

Die Frau möchte an den Hundeführer appellieren, dass er den Hund zum Schweigen bringen soll.

2 Ein Auszubildender kommt häufiger zu spät. Als er das Büro betritt, schaut seine Chefin ihn an und sagt: „Guten Morgen Maik. Es ist 8:10 Uhr!" Maik lächelt sie freundlich an und erwidert: „Ich weiß!"

Begründen Sie, inwieweit die Antwort von Maik höflich oder unhöflich ist.

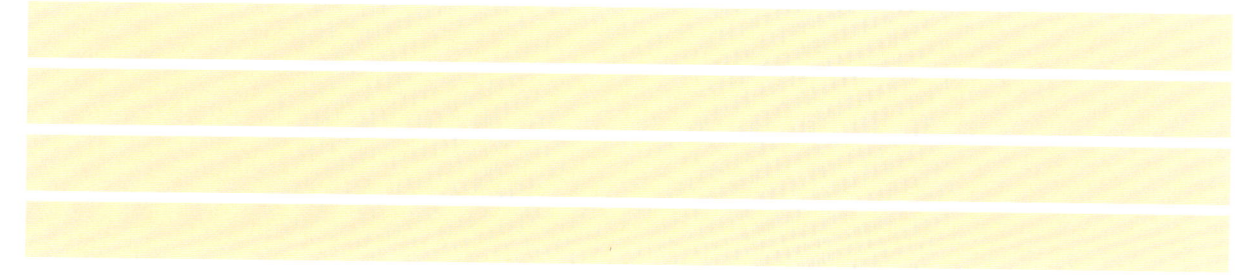

SPRACHE HAT VIELE GESICHTER

3 Ordnen Sie die Äußerungen den Sprachfunktionen zu, die der Sprecher bzw. die Sprecherin Ihrer Meinung nach vorrangig ausdrücken will.

A	Der Vater sagt zu seiner Tochter: „Der Rasen muss gemäht werden."	Ausdrücken
B	Die Schaffnerin sagt einem Fahrgast: „Der Zug hat 15 Minuten Verspätung."	Appellieren
C	Die Auftraggeberin sagt zur Vorarbeiterin: „Es ist 18.00 Uhr und Ihre Truppe ist immer noch nicht mit der Küche fertig."	Informieren
D	Die Ärztin sagt: „Sie haben 15 Kilo Übergewicht. Das ist ungesund."	Ausdrücken
E	Der Meister sagt zu dem kauenden Auszubildenden ärgerlich: „Es ist noch keine Kaffeepause!"	Informieren
F	Die Kundin sagt: „Der Ölwechsel wurde bei der letzten Inspektion vor 10.000 km gemacht."	Appellieren

4 Lesen Sie den folgenden Dialog zwischen einem Kunden und einer Verkäuferin. Erklären Sie, warum der Kunde am Ende ärgerlich wird.

> **Kunde** (freundlich): „Entschuldigung! Die Kaffeemühle, die ich hier gekauft habe, funktioniert nicht."
> **Verkäuferin** (ausdruckslos): „Ja."
> **Kunde** (neutral): „Sie bleibt immer wieder stehen."
> **Verkäuferin** (ausdruckslos): „Ja."
> **Kunde** (leicht ärgerlich): „Ich fülle die Kaffeebohnen oben rein und schalte an. Dann mahlt sie ca. 10 Sekunden und stellt sich dann ab."
> **Verkäuferin** (ausdruckslos): „Ja."
> **Kunde** (sehr ärgerlich): „Ja, und was jetzt?"

Der Kunde wird ärgerlich, weil

KOMMUNIKATION IM PRIVATEN UND BERUFLICHEN ALLTAG

In unterschiedlichen Situationen kommunizieren

1 Ordnen Sie die Bilder der jeweiligen Sprachäußerung mittels eines Pfeils zu.

> Wir sollten sofort mit dem Planungsbüro telefonieren.

> Ich habe die Nase voll. Echt!

> Und hier siehst du die Zahnräder im Differentialgetriebe.

> Mit wem spreche ich? Ich habe Ihren Namen nicht verstanden.

> Oh, das habe ich nicht gewusst. Ich dachte, ich könnte hier parken.

> Guten Tag Frau Dahlmann, mein Name ist Jale Mutlu. Wir hatten bereits wegen der Präsentation heute telefoniert.

> Grüß dich. Schön, dass wir uns hier treffen.

KOMMUNIKATION IM PRIVATEN UND BERUFLICHEN ALLTAG

> Der Begriff **Kommunikationskompetenz** beschreibt die Fähigkeit, Kommunikationssituationen erfolgreich zu meistern. Damit dies gelingen kann, benötigen Sie folgende Kenntnisse und Fertigkeiten:
> 1. Sie können die **Kommunikationssituation** einschätzen, d.h. Sie wissen, in welchem Gesprächsrahmen Sie sich bewegen.
> 2. Sie sind sich bewusst, mit wem Sie sprechen, d.h. Sie wissen, in welchem Verhältnis Sie zu Ihrem **Kommunikationspartner** stehen.
> 3. Sie wissen, welche Wortwahl für die unterschiedlichen Kommunikationssituationen sowie Kommunikationspartner richtig ist und sprechen und verhalten sich so, dass die Kommunikation erfolgreich sein kann.

2 Ordnen Sie die Äußerungen mittels eines Pfeils den Kommunikationssituationen zu.

- Nett hier. Hast du noch 'ne Cola für mich?
- Wenn du dir nochmal meinen Lötkolben ausleihst ohne ihn zurückzulegen, dann kannst du dir selbst einen vom Taschengeld kaufen.
- Lydia, hast du einen Moment Zeit? Der Kunde möchte sich über unser Angebot an Holzdielen für die Terrasse informieren.
- Könnten Sie mir sagen, wo hier die nächste Apotheke ist?

Situationen:
- berufliche Situation
- Familie
- Alltagssituation
- privat, auf einer Feier

3 Formulieren Sie das Anliegen so, dass die Äußerung der Kommunikationspartnerin bzw. dem Kommunikationspartner gegenüber entsprechend angemessen ist.

a) Ihnen ist eine Füllung herausgebrochen und Sie müssen zum Zahnarzt. Sie fragen Ihren Abteilungsleiter, ob Sie zwei Stunden früher gehen können.

b) Sie haben den Ablauf nicht verstanden und bitten Ihre Ausbilderin, das Vorgehen nochmals zu erklären.

KOMMUNIKATION IM PRIVATEN UND BERUFLICHEN ALLTAG

Wie funktioniert Kommunikation?

Die vier Seiten einer Nachricht – die Botschaften des Senders

Der Kommunikationswissenschaftler Schulz von Thun versucht mit seinem Modell zu erklären, was in einer Kommunikation passiert.

Er geht davon aus, dass jede sprachliche Äußerung auf vier Ebenen Botschaften enthält. Für einen Satz wie *„Es ist kalt hier."* Bedeutet das:

1. **Sachebene**: Der Sprecher informiert, z. B. *„Hier ist es kalt."*
2. **Ebene der Selbstkundgabe**: Der Sprecher drückt seine Gefühle/Empfindungen mit diesem Satz aus, z. B. *„Ich friere."*
3. **Beziehungsebene**: Der Sprecher bringt damit zum Ausdruck, was er von dem anderen hält, z. B. wenn der Satz *„Es ist kalt hier."* sehr vorwurfsvoll gesagt wird, könnte er damit ausdrücken wollen: *„Du hast es hier extra kalt gemacht, damit ich friere. Du willst mich ärgern."*
4. **Appellebene**: Der Sprecher möchte den anderen veranlassen, etwas zu tun, d. h., er möchte damit beispielsweise ausdrücken: *„Bitte mach das Fenster zu."*

1 Tragen Sie die vier Seiten der Nachricht jeweils in den richtigen Kasten ein.

> ~~Die Rohrzange ist nicht an ihrem Platz.~~
> Du bist zu dumm zum Ordnunghalten.
> Ich suche die Rohrzange.
> Hole die Rohrzange!

Sachebene:
Die Rohrzange ist nicht an ihrem Platz.

Beziehungsebene:

Nachricht
Die Rohrzange ist weg.

Selbstkundgabe:

Appellebene:

KOMMUNIKATION IM PRIVATEN UND BERUFLICHEN ALLTAG

Die vier Seiten einer Nachricht – die Ohren des Empfängers
Nicht nur der Sender der Nachricht hat vier Ebenen der Botschaft, die mitgesendet werden. Auch der Empfänger hat vier Ohren, mit denen er die Botschaft aufnimmt und hört.
Was der Empfänger hört, hängt von der Beziehung zwischen Sender und Empfänger ab. Diese Beziehung ist zu einem großen Anteil durch Gefühle und Erfahrungen geprägt.

Bleiben wir bei dem Satz: *„Es ist kalt."*
1. **Sach-Ohr**: Der Empfänger hört die Sachebene der Nachricht, z. B.: Der Sender findet es kalt hier.
2. **Beziehungs-Ohr**: Der Empfänger hört die Nachricht auf dem Beziehungs-Ohr, z. B.: Der Sender wirft mir vor, dass ich keine Rücksicht nehme und immer lüfte.
3. **Selbstkundgabe-Ohr**: Der Empfänger hört, was der Sender über sich sagt, z. B.: Der Sender sagt, dass er friert.
4. **Appell-Ohr**: Der Empfänger hört auf die Appellebene, er möchte verstehen, wozu ihn der Sender veranlassen möchte, z. B.: Der Sender möchte, dass das Fenster geschlossen wird.

An der Reaktion des Empfängers kann der Sender ablesen, auf welchem Ohr die Botschaft angekommen ist.

2 a) Lesen Sie die folgenden Äußerungen und kreuzen Sie an, auf welchem Ohr der Empfänger die Nachricht Ihrer Meinung nach empfangen hat.
b) Formulieren Sie, was der Empfänger Ihrer Meinung nach verstanden hat.

A Nachricht: „Es ist kalt hier."   Antwort: „Ich mache das Fenster zu."

☐ Sach-Ohr   ☐ Beziehungs-Ohr   ☐ Selbstkundgabe-Ohr   ☐ Appell-Ohr

B Nachricht: „Hier muss gelüftet werden."   Antwort: „Ich habe aber heute Morgen geduscht."

☐ Sach-Ohr   ☐ Beziehungs-Ohr   ☐ Selbstkundgabe-Ohr   ☐ Appell-Ohr

C Nachricht: „Das Meeting hat ewig gedauert."   Antwort: „Du bist bestimmt müde."

☐ Sach-Ohr   ☐ Beziehungs-Ohr   ☐ Selbstkundgabe-Ohr   ☐ Appell-Ohr

D Nachricht: „Der Zug ist pünktlich."   Antwort: „Gut, bis 20.22 Uhr am Bahnhof."

☐ Sach-Ohr   ☐ Beziehungs-Ohr   ☐ Selbstkundgabe-Ohr   ☐ Appell-Ohr

Kommunikation im privaten und beruflichen Alltag

Informieren und nachfragen – das Informationsgespräch

> **Fragearten:**
> - **offene Frage**: Am Anfang steht ein Fragewort, die Frage kann nicht mit Ja oder Nein beantwortet werden.
> - **geschlossene Frage**: Auf die Frage kann nur mit Ja oder Nein geantwortet werden.
> - **Informationsfrage**: Hier holt man sich Informationen ein, in der Regel mittels eines einleitenden Frageworts (wo? wann?). Informationsfragen sind immer offene Fragen.
> - **Alternativfrage**: Mit der Frage macht man einen Alternativvorschlag, in der Regel mittels des Worts „oder".
> - **Gegenfrage**: Eine Frage wird mit einer Gegenfrage beantwortet.
> - **Kontrollfrage**: Damit überprüft man, ob man über das Gleiche spricht.
> - **Ja-Frage-Straße**: Man stellt mehrere Fragen hintereinander, die alle mit Ja beantwortet werden, um dann zu einer Schlussfolgerung zu kommen.

1 Schreiben Sie auf die Leerzeile, um welche Frageart es sich handelt.

A „Verzeihen Sie, wenn ich störe. Mein Name ist Vitali Specht. Können Sie mir sagen, ob Frau Fischer im Hause ist?"

B „In welcher Angelegenheit wollen Sie mit Frau Fischer sprechen?"

C „Frau Fischer sagte mir, dass sie diese Woche Zeit habe, mit mir den Ausbildungsplan durchzugehen. Ich war gerade im Hause und dachte, ich frage einmal nach."

D „Ah, meinen Sie Frau Sonja Fischer, die für die Auszubildenden im Hause zuständig ist?"

E Genau, die meine ich. Könnten Sie mir sagen, wo ich sie finde oder sie fragen, ob sie einen Moment Zeit hat?

F „Ah, ja. Sind Sie bei uns Auszubildender?" – „Ja."
„Sind Sie in der Abteilung Elektrotechnik?" – „Ja."
„Sind Sie im zweiten Ausbildungsjahr?" – „Ja."

G „Dann könnten Sie auch mit mir sprechen. Ich betreue seit Anfang des Monats die Auszubildenden in den technischen Bereichen und bin für die Ausbildungspläne zuständig. Bitte kommen Sie mit in mein Büro. Wie genau kann ich Ihnen helfen?"

KOMMUNIKATION IM PRIVATEN UND BERUFLICHEN ALLTAG

Aktives Zuhören

> Aktives Zuhören ist eine wichtige Technik, wenn Sie sichergehen wollen, dass Sie Informationen richtig verstanden haben. Es hilft Ihnen in Kombination mit den Fragearten auch, wenn Sie herausfinden wollen, ob Informationen beim Gegenüber richtig angekommen sind.
> Beim aktiven Zuhören wiederholen Sie die Aussagen Ihres Gesprächspartners mit eigenen Worten, um sicherzustellen, dass Sie sich wirklich verstanden haben.

1 Formulieren Sie die Aussagen mit eigenen Worten um.

A Ich habe hier den Ausbildungsplan, aber ich weiß nicht, ob das genau das ist, was ich für die Schule brauche.

> Verstehe ich Sie richtig? Sie haben Vorgaben für die Ausbildung von der Schule und wollen jetzt wissen, ob unser Ausbildungsplan damit übereinstimmt.

B Ich habe von jemandem aus dem dritten Ausbildungsjahr gehört, dass ich bis zur Prüfung mindestens drei Mal die Bereiche gewechselt haben muss. Aber ich weiß nicht, ob der Bereich „Mechatronik" mit dazu gehört.

C Mir würde Mechatronik noch sehr viel mehr Spaß machen als Elektrotechnik und mein Ausbilder meinte, ich könnte doch einmal fragen, ob ich dort nicht beim Bereichswechsel eingesetzt werden könnte.

D Ich warte unheimlich gern die Maschinen und arbeite mich da lieber ein, als einen Techniker zu holen. Außerdem merke ich, dass ich das, was ich in Elektrotechnik lerne, in dem Bereich ausgezeichnet einsetzen kann.

E Ich kann mir gut vorstellen, dass Sie weiter im Bereich der Elektrotechnik ausgebildet werden, aber Ihre Bereichswechsel verstärkt dort machen, wo wir auch unsere Mechatroniker einsetzen.

KOMMUNIKATION IM PRIVATEN UND BERUFLICHEN ALLTAG

Alles muss raus – Verkaufsgespräche führen

> **Verkaufsgespräche** haben das Ziel, einem Kunden etwas zu verkaufen. Der Kunde ist nur dann zufrieden, wenn das verkaufte Produkt auch zu seinen Vorstellungen und Bedürfnissen passt. Daher müssen Sie in einem Verkaufsgespräch zunächst erkennen, was sich der Kunde vorstellt, denn erst dann können Sie zugunsten der Vorzüge eines Produkts argumentieren.
> Wenn ein Verkaufsgespräch nach einer festen Struktur geführt wird, erleichtert das die Gesprächsführung erheblich. Ein Beispiel für solch eine Struktur ist die **KAAPAV**-Formel.

1 Verbinden Sie die Äußerungen der Gesprächsteilnehmer mit den Phasen eines Verkaufsgespräches. Das Gespräch findet in einem Fahrradladen statt.

Phase 1: Kontakt
Sie wollen eine angenehme Gesprächsatmosphäre schaffen und Hemmschwellen abbauen. Sie leiten zum Kundenwunsch über.

Phase 2: Analyse
Sie wollen durch offene Fragen und aktives Zuhören die Kundenwünsche ermitteln.

Phase 3: Angebot
Sie wollen ein Angebot machen. Sie haben verstanden, was der Kunde braucht und bieten ein Produkt und Alternativprodukte an. Fassen Sie dabei die Ergebnisse der Analysephase nochmals zusammen. Setzen Sie Verkaufshilfen ein (besondere Angebote, Neuheiten, usw.).

Phase 4: Prüfung
Sie wollen die Einstellung des Kunden zu dem Produkt prüfen. Nehmen Sie Einwände und Kundenwünsche auf, klären Sie offene Fragen. Überzeugen Sie den Kunden mit Ihren Argumenten.

Phase 5: Abschluss
Sie wollen eine Entscheidung des Kunden herbeiführen. Beachten Sie dabei die Kaufsignale des Kunden und erleichtern Sie ihm die Entscheidung. Verwenden Sie Formulierungen, die zu einem Abschluss führen.

Phase 6: Verstärker
Sie wollen den Kunden in seiner Entscheidung bestärken. Finden Sie einen positiven Gesprächsabschluss.

Das stimmt, eine Nabenschaltung ist nicht so flexibel wie eine Kettenschaltung. Dafür ist sie pflegeleichter und lässt sich auch unter Belastung schalten. Bei einer Kettenschaltung sparen Sie etwas an Kraft.

Guten Tag, das sind unsere Trekking-Räder, die sind besonders für den Alltag und für längere Touren geeignet. Dort sind unsere Rennräder, dahinten die E-Bikes. Womit kann ich Ihnen weiterhelfen?

Das Modell scheint Ihnen am besten gefallen zu haben. Die Kettenschaltung ist für Sie auch kein Problem, weil Sie bisher immer ein Fahrrad mit Kettenschaltung hatten. Es handelt sich hier um ein Vorjahresmodell aus einer sehr hochwertigen Produktlinie. Daher ist es um 25 % reduziert.

Der Rahmen und der Lenkeraufbau sind wie für Sie gemacht. Damit haben Sie bestimmt viel Freude, auch bei längeren Touren.

Mit dem Karbonrahmen ist dieses ein besonders leichtes Modell. Die Rahmenform entspricht Ihren Vorstellungen, da Sie hier bequem sitzen und nicht zu viel Druck auf die Unterarme ausüben. Da die Frage der Gangschaltung noch offen ist, könnte ich Ihnen diese zwei Modelle anbieten. Das eine hat eine Nabenschaltung, das andere eine Kettenschaltung. Welches möchten Sie zuerst ausprobieren?

Ah, ich verstehe. Ihr Fahrrad sollte möglichst leicht sein und einen stabilen Lauf haben, weil Sie es sowohl im Alltag als auch mit Gepäck auf längeren Touren nutzen wollen. Welche Gangschaltung benutzen Sie momentan?

KOMMUNIKATION IM PRIVATEN UND BERUFLICHEN ALLTAG

2 Tragen Sie ein, um was für eine Frageart es sich jeweils handelt.
Tipp: Hinweise zu den Fragearten finden Sie auf Seite 12.

Womit kann ich Ihnen weiter helfen?	
Welche Gangschaltung benutzen Sie momentan?	
Welches möchten Sie zuerst ausprobieren?	

3 Die Verkäuferin im Verkaufsgespräch nutzt häufig die Technik des aktiven Zuhörens. Leiten Sie aus deren Äußerungen ab, was die Kundin mitgeteilt hat und notieren Sie dies.
Tipp: Informationen zum aktiven Zuhören finden Sie auf Seite 13.

a)

Verkäuferin:	Guten Tag, das sind unsere Trekkingräder, die sind besonders für den Alltag und für längere Touren geeignet. Dort sind unsere Rennräder, dahinten die E-Bikes. Womit kann ich Ihnen weiter helfen?
Kundin:	
Verkäuferin:	Ah, ich verstehe. Ihr Fahrrad sollte möglichst leicht sein und einen stabilen Lauf haben, weil Sie es sowohl im Alltag als auch mit Gepäck auf längeren Touren nutzen wollen. Welche Gangschaltung benutzen Sie momentan?

b)

Kundin:	
Verkäuferin:	Mit dem Karbonrahmen ist dieses ein besonders leichtes Modell. Die Rahmenform entspricht Ihren Vorstellungen, da Sie hier bequem sitzen und nicht zu viel Druck auf die Unterarme ausüben. Da die Frage der Gangschaltung noch offen ist, könnte ich Ihnen diese zwei Modelle anbieten. Das eine hat eine Nabenschaltung, das andere eine Kettenschaltung. Welches möchten Sie zuerst ausprobieren?

c)

Kundin:	
Verkäuferin:	Das stimmt, eine Nabenschaltung ist nicht so flexibel wie eine Kettenschaltung. Dafür ist sie pflegeleichter und lässt sich auch unter Belastung schalten. Bei der Kettenschaltung sparen Sie etwas Kraft.

KOMMUNIKATION IM PRIVATEN UND BERUFLICHEN ALLTAG

4 Schreiben Sie jeweils in die korrekte Sprechblase, welche Botschaft die Verkäuferin der Kundin auf der jeweiligen Ebene vermittelt.

Tipp: Sie finden Informationen zu dem Kommunikationsmodell auf Seite 10.

> Ich habe Ihnen gut zugehört und bin kompetent.
> Die Rahmenform entspricht den Anforderungen.
> ~~Sie haben gut beschrieben, welche Anforderung Sie an den Rahmen haben.~~
> Prüfen Sie, ob der Rahmen Ihren Vorstellungen entspricht.

Sachebene:

Beziehungsebene:
Sie haben gut beschrieben, welche Anforderung Sie an den Rahmen haben.

„Die Rahmenform entspricht Ihren Vorstellungen, da Sie hier bequem sitzen und nicht zu viel Druck auf die Unterarme ausüben."

Selbstkundgabe:

Appellebene:

5 Vervollständigen Sie die folgenden Sätze.

A Die Verkäuferin zeigt der Kundin, dass sie Interesse an ihr hat, indem

B Die Kundin fühlt sich verstanden und wertgeschätzt, weil

C Die Verkäuferin vermittelt der Kundin Fachkompetenz, indem sie

KOMMUNIKATION IM PRIVATEN UND BERUFLICHEN ALLTAG

6 a) Lesen Sie die Informationen.

> **Informationen:**
> **Ort:** Möbelhaus, Abteilung für Esstische und Stühle.
>
> **Personen:** Ein Paar, ungefähr Anfang 30, sie ist schwanger; die beiden wollen einen neuen Esszimmertisch kaufen, weil sie bisher einen aus Glas hatten, aber dieser hat sehr scharfe Kanten, was für Kinder eine Verletzungsgefahr darstellt, außerdem sieht man sofort jeden Fingerabdruck.
>
> **Produktinformationen zu Oberflächen:**
> - Holz, gewachst oder geölt: Muss häufiger wieder geölt oder gewachst werden, Kratzer können so fast unsichtbar werden, die Oberfläche ist immer geschützt.
> - Keramik: Robust, kratz- und hitzeunempfindlich, leicht zu pflegen, ca. 300 € teurer.

b) Formulieren Sie Auszüge aus dem Verkaufsgespräch. Orientieren Sie sich an Aufgabe 1, Seite 14.

Phase 1: **K**ontakt	
Phase 2: **A**nalyse	
Phase 3: **A**ngebot	
Phase 4: **P**rüfung	
Phase 5: **A**bschluss	
Phase 6: **V**erstärker	

KOMMUNIKATION IM PRIVATEN UND BERUFLICHEN ALLTAG

Argumentieren – einen Standpunkt vertreten

> Wer argumentiert, möchte seinen Standpunkt überzeugend vertreten. Dazu gehören die folgenden drei Elemente:
> 1. Mit einer **Behauptung** (These) wird der eigene Standpunkt deutlich gemacht.
> 2. Mit der **Begründung** wird dieser Standpunkt näher erklärt und begründet.
> 3. Mit einem **Beispiel** oder einem **Beleg** wird deutlich gemacht, dass die Begründung richtig ist und das Argument nachvollziehbar.

1 Im Folgenden wird argumentiert. Schreiben Sie in das Kästchen hinter den einzelnen Teilen der Argumentationen, ob es sich jeweils um die These (Th), die Begründung (Begr) oder einen Beleg (Be) handelt.

A Der letzte Bus fährt um 22:40 Uhr, der Film geht aber bis 23:00 Uhr.

Heute Abend brauche ich das Auto,

weil ich sonst nicht wieder nach Hause kommen kann.

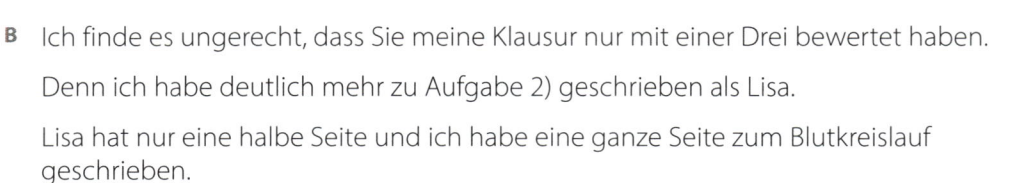

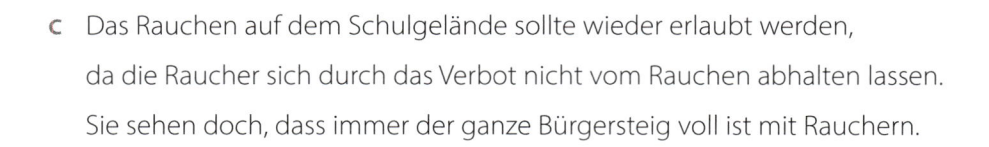

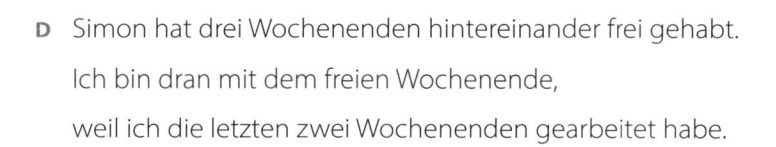

B Ich finde es ungerecht, dass Sie meine Klausur nur mit einer Drei bewertet haben.

Denn ich habe deutlich mehr zu Aufgabe 2) geschrieben als Lisa.

Lisa hat nur eine halbe Seite und ich habe eine ganze Seite zum Blutkreislauf geschrieben.

C Das Rauchen auf dem Schulgelände sollte wieder erlaubt werden,

da die Raucher sich durch das Verbot nicht vom Rauchen abhalten lassen.

Sie sehen doch, dass immer der ganze Bürgersteig voll ist mit Rauchern.

D Simon hat drei Wochenenden hintereinander frei gehabt.

Ich bin dran mit dem freien Wochenende,

weil ich die letzten zwei Wochenenden gearbeitet habe.

E Weil das lichte Grau die gelben Farbakzente zum Leuchten bringt,

passt dieser Farbton besser zu Ihrer Einrichtung.

Schauen Sie, hier auf dem Foto lässt sich die Wirkung gut sehen.

F Alle Lebewesen dieses Planeten haben einen evolutionären Stammbaum.

Das zeigen morphologische Analogien in identischen Lebensräumen.

Wale, als Säugetiere, haben beispielsweise eine Finne (Rückenflosse).

KOMMUNIKATION IM PRIVATEN UND BERUFLICHEN ALLTAG

Argumenttypen:
Es gibt unterschiedliche Argumenttypen, z. B.:
1. **rationale Argumente:** Der eigene Standpunkt wird mit Tatsachen, Daten (Statistiken, Zahlen, Forschungsergebnissen usw.) und Aussagen anerkannter Fachleute belegt.
2. **plausible Argumente:** Man versucht mit Verallgemeinerungen, Übertreibungen oder Pauschalurteilen zu überzeugen. Oft stützen sich die Argumente auf Mehrheitsmeinungen, Gewohnheiten oder den „gesunden Menschenverstand".
3. **moralische Argumente:** Man versucht durch einen Appell an Gefühl und Anstand zu überzeugen. Dabei beruft man sich auf wichtige Persönlichkeiten, verbreitete Werturteile und gesellschaftliche Normen.

2 Die folgenden Beiträge stammen aus einem Internetforum, das sich mit dem Tempolimit auf deutschen Autobahnen beschäftigt. Kreuzen Sie an, welchen Argumentationstyp die einzelnen Teilnehmer des Forums benutzen.

A 07.08.2022, 14:35 von **vielfahrer_de**:
Viele Deutsche pochen mit vollkommen irrationalen Argumenten auf das Recht zum Rasen, wenn es um ein mögliches Tempolimit geht. Wahr ist aber: Es gibt keinen guten Grund gegen eine Geschwindigkeitsbeschränkung – außerdem erinnert die Diskussion darum leider stark an den Streit um schärfere Waffengesetze in den Vereinigten Staaten. Tempolimit auf deutschen Autobahnen: Liebe macht offensichtlich blind!

☐ rationales Argument
☐ plausibles Argument
☐ moralisches Argument

B 08.08.2022, 18:43 von **strassen-maid**:
Der Straßenverkehr ist für ungefähr zwölf Prozent des CO_2-Ausstoßes verantwortlich. Würde ein Tempolimit die CO_2-Emissionen tatsächlich reduzieren? Nach wissenschaftlichen Schätzungen würde bei einer Geschwindigkeitsbegrenzung von 120 km/h der Anteil um maximal 0,3 Prozentpunkte sinken. Der Effekt wäre mit Tempo 130 sogar noch geringer.

☐ rationales Argument
☐ plausibles Argument
☐ moralisches Argument

C 06.08.2022, 19:45 von **truckerboy-63**:
Es gibt einen sehr guten Grund gegen eine Geschwindigkeitsbegrenzung: Nämlich der, dass ich selbst entscheiden darf, wieviel Benzin auf 100 km ich verbrauche und niemand anders, allein mein Geldbeutel hat da mitzureden. Außerdem bin ich mündig und kann selbst entscheiden, ob 240 km/h zu fahren angebracht ist oder nicht.

☐ rationales Argument
☐ plausibles Argument
☐ moralisches Argument

D 09.08.2022, 18:13 von **antirowdy19**:
Der BUND (Bund für Umwelt und Naturschutz Deutschland) stellt klar: Würde auf deutschen Autobahnen ab morgen ein Tempolimit von 120 km/h gelten, blieben der Atmosphäre bis 2025 mehr als zwanzig Millionen Tonnen CO_2 erspart. Noch Fragen?

☐ rationales Argument
☐ plausibles Argument
☐ moralisches Argument

KOMMUNIKATION IM PRIVATEN UND BERUFLICHEN ALLTAG

> Damit man andere vom eigenen Standpunkt überzeugen kann, muss man seine Gedanken so strukturieren, dass andere ihnen folgen können. Zum Strukturieren von Gedanken benutzt man Konjunktionen (Bindewörter). Das sind die Wörter, die Haupt- und Nebensätze miteinander verbinden und den gedanklichen Zusammenhang signalisieren.

3 Markieren Sie die 11 Konjunktionen, die sich hier waagerecht von links nach rechts versteckt haben und notieren Sie diese unten auf den Schreiblinien.

A	M	A	L	S	D	A	N	N	K
K	E	D	A	M	I	T	D	J	I
F	A	L	L	S	P	D	A	S	S
S	B	O	B	W	O	H	L	N	W
H	S	O	L	A	N	G	E	P	I
W	Ä	H	R	E	N	D	N	U	O
E	W	E	N	N	B	E	V	O	R
Q	D	E	S	H	A	L	B	G	A

4 Setzen Sie die Konjunktionen aus Aufgabe 3 in die richtigen Lücken ein. Sie können eine Konjunktion auch mehrfach verwenden.

A _____ die Frage der Abgaswerte nicht geklärt ist, müssen wir nicht weiter diskutieren.

B _____ ein Tempolimit durchgesetzt werden kann, hält sich keiner daran.

C _____ Sie das behauptet haben, wussten Sie da schon, _____ der Benzinpreis sinken würde?

D _____ wir hier diskutieren, werden Menschen bei Autounfällen schwer verletzt oder sie sterben.

E _____ die Autoindustrie ein Tempolimit akzeptiert, muss noch viel passieren.

F _____ der CO_2-Ausstoß in den nächsten vier Jahren um 20 Millionen Tonnen gesenkt werden könnte, stimmen Sie einem Tempolimit nicht zu. Das ist unverantwortlich!

G _____ ein Tempolimit eingeführt würde, könnte die Autoindustrie ihre Forschungsgelder in die Entwicklung alternativer Antriebe ohne CO_2-Ausstoß stecken.

H _____ Sie diese Position in der Diskussion um eine Geschwindigkeitsbegrenzung vertreten, werden wir zu keiner Einigung kommen.

I _____ die Argumente Sie eigentlich überzeugen müssten, schalten Sie auf stur.

J Die Welt geht am CO_2-Ausstoß zugrunde, _____ Sie hier fadenscheinige Argumente herausposaunen.

KOMMUNIKATION IM PRIVATEN UND BERUFLICHEN ALLTAG

> **Grundmuster einer Argumentation**
> Eine erfolgreiche Argumentation besteht aus folgenden Elementen:
> 1. **Einleitung:** Sie leiten in das Thema ein und führen zur Behauptung/These hin.
> 2. **Argumentation:** Sie nutzen Argumente, Belege, Beweise und Veranschaulichungen, um Ihren Standpunkt deutlich zu machen.
> 3. **Schlussfolgerung:** Sie fassen das Gesagte nochmals knapp zusammen und beurteilen es.

5 Ordnen Sie die Äußerungen so, dass sie dem Grundmuster einer Argumentation folgen. Schreiben Sie die Zahlen für die Reihenfolge in die rechte Spalte.

Also müsste man eigentlich das Tempo auf 80–100 km/h reduzieren. Dann würden auch weniger Leute Auto fahren, weil der Zug schneller oder die Fernbusse billiger sind. Das würde die Umwelt und die Nerven der Autofahrer schonen und es gäbe keine Staus mehr.	
Außer dem Stress beim Spurwechsel hast du dann noch die Staus aus dem Nichts. Da bremst irgendwo ein Raser, weil er fast aufgefahren wäre, der dahinter bremst usw. Das Ganze führt dann dazu, dass fast alle stehen und es dauert, bis die wieder anfahren.	
Ich bin heute wieder die A2 Richtung Hannover gefahren. Es war total stressig, weil alle links fahren wollten. Es gibt immer jemanden, der noch schneller ist. Dann musst du unheimlich aufpassen, wenn du die Spur wechselst. In Dänemark mit Tempo 130 km/h ist es viel angenehmer zu fahren.	
Ich habe bei dem Stauforscher der Uni Dortmund, Martin Randelhoff, gelesen, dass Straßen sowieso in ihrer Kapazität begrenzt sind. Er sagt, dass die Kapazität einer Straße bei 1500 bis 2500 Fahrzeugen pro Stunde und Spur liegt, wenn sich die Fahrzeuge mit einer Geschwindigkeit von 80–100 km/h bewegen. Schnelleres und langsameres Fahren verringert die Kapazität.	

6 Setzen Sie die richtigen Wörter ein.

> aus • aber • es • gegen • da • dass • weil • Denn • aber • dort • weil • das

Ich bin _____ ein Tempolimit auf deutschen Autobahnen, _____ das nur Nachteile für die Autoindustrie bringt. _____ die schweren, schnellen Autos _____ Deutschland verkaufen sich im Ausland deshalb so gut, _____ sie aus dem einzigen Land der Welt ohne Tempolimit stammen. Für mehr Sicherheit auf der Autobahn brauchen wir auch kein Tempolimit, _____ die Autobahnen die sichersten Straßen sind. Immerhin haben wir _____ zwar 30 % des Verkehrsaufkommens, _____ nur 6 % der Verkehrsunfälle. Hinzu kommt, _____ langsames Fahren gefährlich ist, weil _____ müde macht. _____ kann man am Beispiel von Österreich sehen. Die haben zwar ein Tempolimit von 130 km/h, _____ doppelt so viele Unfälle wie in Deutschland.

KOMMUNIKATION IM PRIVATEN UND BERUFLICHEN ALLTAG

Die Diskussion

Struktur eines guten Diskussionsbeitrags
1. Anknüpfen an die bisherige Diskussion, einen Aspekt aus der Diskussion aufgreifen.
2. Den eigenen Standpunkt darstellen (Argumentation).
3. Die Schlussfolgerung ziehen, den eigenen Kerngedanken formulieren.

1 Schreiben Sie die folgenden Formulierungen in die richtige Spalte.

A Wenn ich dich richtig verstanden habe, meinst du …
B Meiner Erfahrung nach ist es wichtig, weil …
C Hieraus lässt sich schlussfolgern, dass …
D Deshalb komme ich zu dem Schluss, dass Auslandspraktika …
E Ich beziehe mich auf …
F Im letzten Ausbildungsgang haben 10 % der Auszubildenden ein Auslandspraktikum gemacht …
G Du hast behauptet, dass …
H Untersuchungen zu Auslandspraktika zeigen, dass …
I Also sollte man …

Anknüpfen	Argumentieren	Schlussfolgerung
Wenn ich dich richtig verstanden habe, meinst du …		

2 Ist ein Auslandspraktikum sinnvoll? Schreiben Sie hinter die folgenden Aussagen, ob sie für (Pro) oder gegen (Kontra) ein Auslandspraktikum argumentieren.

	Äußerungen	P oder K
A	Man verdient weniger als ein 1 €-Jobber, manchmal muss man sogar zuzahlen.	K
B	Man erwirbt zusätzliche Kompetenzen und hat mehr Chancen auf dem Arbeitsmarkt.	
C	Man kann am eigenen Leib erfahren, wie es ist, wenn man die Sprache kaum beherrscht und sich nicht zurechtfindet.	
D	Man wird im Praktikumsbetrieb nicht für voll genommen, weil man nichts versteht.	
E	Man gewinnt an Selbstbewusstsein, weil man sich etwas Neues traut.	
F	Die Berufserfahrung, die man sammelt, ist lächerlich, hauptsächlich vergeudet man Zeit mit Kaffeekochen, Kopieren oder um mit anderen Praktikanten zu quatschen.	
G	Man lernt die Arbeitsabläufe in ausländischen Betrieben kennen und kann besser nachvollziehen, wie eine gute Zusammenarbeit klappen kann.	
H	Deutschland ist schon ein Land mit vielen Kulturen, man muss nur Augen und Ohren aufmachen, dann lernt man, wie die Leute sich hier fühlen.	
I	Erst wenn man sieht, wie das Arbeitsklima in einer ausländischen Firma ist, kann man verstehen, wie Leute aus dem Ausland sich bei uns fühlen.	

KOMMUNIKATION IM PRIVATEN UND BERUFLICHEN ALLTAG

3 Es diskutieren zu der Frage, ob ein Auslandspraktikum sinnvoll sei:

- Malte (18 J., in Ausbildung zum Drogist, Kontra),
- Hilal (20 J., in Ausbildung zur Mechatronikerin, Kontra),
- Janina (19 J., in Ausbildung zur Notarfachangestellten, Pro),
- Christos (21 J., in Ausbildung zum Außenhandelskaufmann, Pro).

Formulieren Sie für die Teilnehmer einen Diskussionsbeitrag. Greifen Sie dabei auf die Struktur guter Argumentationsbeiträge und auf die Pro- und Kontra-Argumente zurück.

Malte (Kontra): Ich kann verstehen, dass du, Janina, ein Auslandspraktikum wichtig findest, um deine Sprachkompetenz zu verbessern. Aber genau deshalb lernst du auch nichts, weil die Leute dich nicht für voll nehmen und dich nur mit Kopieren und Kaffeekochen beschäftigen. Deshalb glaube ich, dass Auslandsaufenthalte nichts für die Sprachkompetenz bringen.

Janina (Pro): Wenn ich dich richtig verstanden habe,

Christos (Pro): Ich beziehe mich auf Malte.

Hilal (Kontra): Janina, du hast behauptet, dass man

Janina: Hilal und Malte, ihr seid zwar gegen ein Praktikum im Ausland, aber könnt ihr euch nicht vorstellen, wie viel man dadurch lernt, dass man Neues ausprobieren muss? Ich finde ein Auslandspraktikum stärkt das Selbstbewusstsein und man macht ganz neue Erfahrungen und steht vor ganz neuen Herausforderungen. Ich kann das nur jedem empfehlen.

KOMMUNIKATION IM PRIVATEN UND BERUFLICHEN ALLTAG

Festhalten, was los ist – das Protokoll

Regeln für das Schreiben von Protokollen:
1. Protokolle werden im Präsens (Gegenwartsform) geschrieben.
2. Protokolle sind sachlich, neutral und ohne Wertungen.
3. Protokolle haben einen Protokoll-Kopf mit folgenden Angaben: Ort, Zeit, Datum, Anwesende/Abwesende, Gesprächsführung, Name des Protokollanten.
4. Zu einem Protokoll gehören die Tagesordnung und ggf. Anlagen, die als Grundlage für die Diskussion dienten.
5. Das Protokoll wird vom Protokollanten unterschrieben.
6. Ergebnisprotokolle halten die Sitzungsergebnisse fest.
7. Verlaufsprotokolle sollen den Verlauf einer Sitzung nachvollziehbar machen.

1 Lesen Sie die Protokollausschnitte und kreuzen Sie an, ob es sich um einen Ausschnitt aus einem Ergebnis- oder einem Verlaufsprotokoll handelt.

A

Die Leiterin des Supermarktes, Frau Al Shatawi, begrüßt zunächst die anwesenden Mitarbeiterinnen und Mitarbeiter. Im Anschluss erläutert sie, welche Ziele das Sommerfest am 23.8.2023 rund um den Supermarkt habe. Dabei betont sie, dass es wichtig sei, den Supermarkt auch zu einem Zentrum der nachbarschaftlichen Begegnung zu machen. Dies stößt auf allgemeine Zustimmung und Herr Allegra macht den Vorschlag, unabhängig vom Sommerfest eine kleine Spielecke einzurichten und zur Haupteinkaufszeit am Samstagvormittag eine Kinderbetreuung anzubieten. Frau Al Shatawi beauftragt ihn, zusammen mit Frau Frenzel die Planung in die Hand zu nehmen und die Ergebnisse bei der nächsten Sitzung vorzustellen.

☐ Ergebnisprotokoll   ☐ Verlaufsprotokoll

B

Beschluss: Ab Oktober 2022 wird es am Bäckerstand eine kleine Kinderecke geben. An Samstagen wird eine Kinderbetreuung angeboten. Herr Allegra und Frau Frenzel übernehmen die Planung und stellen bei der nächsten Sitzung den Planungsstand vor.

☐ Ergebnisprotokoll   ☐ Verlaufsprotokoll

2 Formulieren Sie aus dem folgenden Verlaufsprotokoll ein Ergebnisprotokoll.

Der Vorschlag der Geschäftsleitung, die Fortbildungsseminare auf die nächsten 6 Wochenenden in der Zeit von Mai – Oktober zu legen, stößt auf Widerstand. Die Vorsitzende des Betriebsrates, Frau Hänsel, kündigt an, dies juristisch prüfen zu lassen, da es eine Mehrbelastung für die Angestellten bedeute und somit zustimmungspflichtig sei. Frau Hudalla und Herr Markmann werfen ein, dass diese Seminare sie sehr in ihrer Arbeit unterstützen würden und sie auf keinen Fall darauf verzichten wollten. Herr Myrna von der Geschäftsleitung lenkt ein und schlägt vor, mit dem Betriebsrat zusammen den Zeitpunkt der Fortbildungen abzustimmen und das Konzept bei der nächsten Sitzung vorzulegen. Dies wird beschlossen.

KOMMUNIKATION IM PRIVATEN UND BERUFLICHEN ALLTAG

3 Schreiben Sie auf der Grundlage der folgenden Informationen und des Gesprächsverlaufs ein Ergebnisprotokoll in der vorgegebenen Struktur.

> Am Montag, den 4.7.2022 in der Zeit von 10.00–11.00 Uhr fand die monatliche Sitzung der 15 Auszubildenden zum Industriekaufmann/zur Industriekauffrau in der Firma „Hellischwa" in Schwätzingen statt. Auf der Tagesordnung standen Begrüßung, Informationen der Kammer zu den neuen Ausbildungsrichtlinien, Neuorganisation der Abteilungswechsel im dritten Ausbildungsjahr, Auslandspraktikum, Sonstiges.
> Es waren alle Auszubildenden anwesend. Die Gesprächsführung hatte die Sprecherin der Auszubildenden, Adele Rockwarth. Als Gäste waren Frau Belek von der Industrie- und Handelskammer und Herr Halwas, Lehrer am Berufskolleg und Koordinator für Auslandspraktika, eingeladen.
>
> *Frau Belek:* Wir haben mit Herrn Halwas zusammen die Möglichkeiten zu Auslandspraktika erheblich ausgeweitet und konnten Firmen in Irland, Frankreich, Spanien und Georgien gewinnen. Es handelt sich hierbei um mittelständische Betriebe, die eng mit deutschen Firmen zusammenarbeiten.
>
> *Adele Rockwarth:* Das hört sich spannend an. Herr Halwas, Sie haben Informationen zu Organisation und schulischer Unterstützung. Bitte sehr!
>
> *Herr Halwas:* Ein Auslandspraktikum mit Erasmus+, so heißt das Programm der EU, kann zwischen zwei Wochen und zwölf Monaten dauern. Laut Berufsbildungsgesetz sind Auslandspraktika bis zu einer Dauer von maximal einem Viertel der Ausbildungszeit möglich. Bei einer dreijährigen Ausbildung – wie bei Ihnen – kann das Praktikum also bis zu neun Monate dauern. Sie bekommen für die Ausbildungszeit eine finanzielle Unterstützung, ein Stipendium, das Ihre zusätzlichen Kosten abdeckt. Sie können sich in der Schule für ein Auslandspraktikum bewerben, wenn Sie von Ihrer Firma eine entsprechende Empfehlung haben. In diesem Flyer finden Sie alle Informationen zum Bewerbungsverfahren, zur Praktikumsdauer und -organisation sowie den finanziellen Rahmenbedingungen.

Protokoll-kopf	Azubi-Sitzung „Hellischwa"	Ort:
	Datum:	Zeit:
Anwesende	Auszubildende vollständig,	
	Gäste:	
	Gesprächsführung:	
Tages-ordnung	TOP 1: Begrüßung	
	TOP 2:	
TOP		

SCHRIFTLICH KOMMUNIZIEREN

Berichten

1. Berichte sind informative Texte. Sie sollen sachlich über einen Vorfall informieren.
2. Berichte in Zeitungen besitzen einen strengen äußeren Aufbau:
   - Schlagzeile *(Headline)*,
   - fett gedruckter Vorspann *(Lead)* als kurze Zusammenfassung der wichtigsten Tatsachen,
   - ausführlicher Nachrichtenteil *(Body)* mit Darstellung der Details.
3. Der **innere Aufbau** beantwortet die W-Fragen: „Wo?, Wann?, Wie lange?, Wer?, Was?, Warum?"

1
a) Lesen Sie den folgenden Bericht.
b) Weisen Sie die Elemente des äußeren Aufbaus in dem rechten Kästchen den entsprechenden Teilen im Text durch einen gezeichneten Pfeil zu.
c) Markieren Sie die Angaben zu: Ort, Zeit, Beteiligte, Art des Geschehens sowie Folgen und verbinden Sie Ihre Markierungen durch Pfeile mit den Begriffen in der rechten Spalte.

Jugendlicher verliert Kontrolle über Auto	Headline
	Lead
Drei schwerverletzte Jugendliche nach Unfall durch überhöhte Geschwindigkeit auf dem Stadtring	Body
Bad Segeberg. Bei einem schweren Verkehrsunfall auf dem Stadtring sind am Samstagvormittag drei Jugendliche schwer verletzt worden. Wie die Polizei mitteilte, ereignete sich der Unfall gegen 10:30 Uhr auf Höhe der Abfahrt in die Südstadt. Nach Angaben eines Polizeisprechers war der 19-jährige Fahrer des Audi mit stark überhöhter Geschwindigkeit gefahren. Dadurch verlor der Mann die Kontrolle über das Auto, der Wagen kam nach rechts von der Fahrbahn ab und überschlug sich mehrfach. Der Fahrer des Wagens und zwei weiterere Insassen erlitten schwerste Verletzungen. Sie mussten ins Krankenhaus eingeliefert werden. Nach Angaben der Polizei entstand durch den Unfall ein Sachschaden von rund 15 000 Euro. Der Stadtring war während der Bergungsarbeiten bis etwa 12 Uhr gesperrt.	Ort
	Zeit
	Beteiligte
	Art des Geschehens
	Folgen

2 Beantworten Sie stichpunktartig die folgenden ausgewählten W-Fragen.

Was geschah?	
Wer war beteiligt?	
Wann geschah es?	
Wo geschah es?	
Warum geschah es?	
Wie passierte es?	

SCHRIFTLICH KOMMUNIZIEREN

Wie Sie einen Bericht schreiben:

Sprache: sachlich, knapp, präzise, auf das Wesentliche beschränkt und allgemein verständlich. Keine wörtliche Rede, nur indirekte Rede, keine eigenen Gefühle zum Ausdruck bringen.

Inhalt: Ereignisse, die tatsächlich vorgefallen sind, keine ausgedachten Geschichten; W-Fragen als Orientierung.

Aufbau: zeitliche Abfolge des Geschehens chronologisch wiedergeben.

Tempus: einfache Vergangenheit (Präteritum) verwenden.

Ausdruck: abwechslungsreich schreiben, nicht ständig dieselben Wörter für Vorgänge verwenden (z. B. nicht ständig *gehen*, sondern: *laufen, bewegen, spazieren* usw.)!

3 Verfassen Sie einen Bericht, indem Sie die Stichworte im Kasten verwenden. Beachten Sie die Hinweise zum Schreiben eines Berichts.

> Fliegerbombe aus dem Zweiten Weltkrieg, Augsburg, Räumung des Sperrgebiets, größte bundesweite Evakuierungsaktion, 54 000 Augsburger verlassen Wohnungen, Entschärfung dauert über fünf Stunden, am Abend Straßensperrung aufgehoben, erster Weihnachtsfeiertag.

4 a) Streichen Sie alles, was Ihrer Meinung nach nicht in einen Bericht gehört, im folgenden Text durch.
b) Tauschen Sie sich mit einer Mitschülerin/einem Mitschüler darüber aus, warum die entsprechenden Stellen nicht in einen Bericht passen.

> Es geschah an einem heißen Sommerabend im August 2022. Auf einer Geburtstagsparty stach ein stark angetrunkener Partygast aus Eifersucht zu. Er verletzte den Rücken des jungen, gut aussehenden Gastgebers, der gerade 21 Jahre alt geworden war. Einsatz für Doktor Ralf Rauper! Der bescheidene Rechtsmediziner fuhr besonders schnell nach Arnsberg und untersuchte die Messerwunde des Opfers. Er ekelte sich bei keiner Art von Verletzung. Er untersuchte auch gleich noch den üblen Täter, der durch eine ziemlich große, geschwollene Nase auffiel. Sein Befund kann vor Gericht entscheidend sein. Im Durchschnitt ist er 40 bis 50 Mal im Jahr dort, um seine Untersuchungsergebnisse vorzustellen und die Ermittlungen als Sachverständiger zu unterstützen.

SCHRIFTLICH KOMMUNIZIEREN

Das Berichtsheft

Das Berichtsheft ist ein wichtiges Dokument in der Berufsausbildung. Es dokumentiert den Ausbildungsprozess und wird nach vorgegebenen Richtlinien geführt. Das Einhalten dieser Richtlinien ist wichtig, da man nur mit einem entsprechend geführten Berichtsheft zur Prüfung zugelassen wird.

Sprache und Stil:
- Notieren Sie Stichpunkte oder kurze Sätze.
- Benutzen Sie Fachausdrücke und erklären Sie neue Fachausdrücke einmal.
- Verwenden Sie nur sachliche Fakten und verzichten Sie auf Ausschmückungen.

1 a) Korrigieren Sie den abgedruckten Ausbildungsbericht nach den gegebenen Richtlinien, indem Sie Unzutreffendes durchstreichen oder kennzeichnen.

Name des/der Auszubildenden:	Bär, Christian		
Ausbildungsjahr:	2022	Firmenname:	Hair Vision
Ausbildungswoche vom:	03.10.	bis:	07.10.2022

Betriebliche Tätigkeiten	Stunden
• Arbeitsgeräte gereinigt • am Computer ein Haarstyling einer Kundin geplant. Das war eine tolle Herausforderung, weil ich dieses Programm bisher noch nie bedient hatte. • den Kunden zum Schutz ihrer Kleidung Friseurumhänge umgelegt • Farbe zum Auftragen gemischt. Rot ist meine bevorzugte Farbe. • notwendige Präparate bereitgestellt und Werkzeuge und Geräte ausgewählt. • Haare gekämmt und geglättet. Eine langweilige Arbeit. • die Kopfhaut einer Kundin auf Hauterhebungen untersucht. Eklig gewesen!	16

Unterweisungen, betrieblicher Unterricht, sonstige Schulungen	Stunden
• Gelernt, wie man Haare mit Extensions verlängert. Extensions sind Haarteile zur Verlängerung der Haare. Es macht mir viel Spaß, sie den Kunden anzubringen.	8

Themen des Berufsschulunterrichts	Stunden
• PuG: TRGS und Hautschutzplan • FuFV: Einsatzmöglichkeiten und Qualitätsmerkmale der Arbeitsmittel • SuKM: aushangpflichtige Bestimmungen	16

Durch die nachfolgende Unterschrift wird die Richtigkeit und Vollständigkeit der obigen Angaben bestätigt.

_____   _____
Datum, Unterschrift   Datum, Unterschrift
Auszubildende/r   Ausbildende/r

SCHRIFTLICH KOMMUNIZIEREN

b) Begründen Sie, warum Sie die entsprechenden Textteile aus dem Berichtsheft streichen würden.

2 Lesen Sie den folgenden Erfahrungsbericht. Geben Sie den Inhalt, den Sie in einem Berichtsheft verwenden würden, in Stichworten wieder.

> Meine Ausbildung zum Hotelfachmann habe ich im Jahr 2022 im D&D in Düsseldorf angefangen. Flexibilität und Motivation stehen in dieser Branche im Vordergrund. Im September startete meine Ausbildung in der Gastronomie. Ich lernte viel Neues. Die Schichtarbeit und vor allem die Arbeitstage am Wochenende machten die Arbeiten abwechslungsreich und anstrengend. Besonders gefiel mir, dass ich im Laufe der Ausbildung in jedem Bereich des Hotelgewerbes arbeiten durfte. Sei es Service oder Einkauf bis hin zu Logistik und Housekeeping. Auf diese Weise konnte ich verschiedene Abteilungen kennenlernen. Mit der Zeit gewöhnte ich mich an das lange Stehen. Wenn ich die Ausbildung beendet habe, möchte ich Tourismusmanagement studieren.

3 Verfassen Sie selbst einen Eintrag für Ihr Berichtsheft, indem Sie den Verlauf eines aktuellen Unterrichtsfachs darstellen.

Uhrzeit	Fach	Unterrichtsinhalt	Stunden

SCHRIFTLICH KOMMUNIZIEREN

Die Vorgangsbeschreibung

> Eine Vorgangsbeschreibung beschreibt einen immer gleichbleibenden, jederzeit wiederholbaren Ablauf eines Vorgangs. Sie erklärt diesen Ablauf in allen wichtigen Einzelheiten, damit die Handlung Schritt für Schritt nachvollzogen und erfolgreich durchgeführt werden kann.
>
> Die verwendete Zeitform ist das Präsens.
>
> Gliederung:
> - Einleitung: benennt Ziel der Beschreibung und gibt an, welche Materialien und Werkzeuge benötigt werden.
> - Im Hauptteil wird der gesamte Ablauf mit allen notwendigen Details beschrieben.
> - Im Schlussteil kann auf eventuelle Probleme hingewiesen werden, die auftreten können.

1 a) Um ein Auto zu starten, muss man bestimmte Handlungen in einer festgelegten Reihenfolge ausführen. Bestimmen Sie diese Reihenfolge, indem Sie die Kästchen in der richtigen Reihenfolge nummerieren.

	Gas geben und losfahren		die Kupplung langsam kommen lassen
	den Anlasser betätigen		den linken Blinker betätigen
	den ersten Gang einlegen		in den Rückspiegel schauen
	die Zündung einschalten		Handbremse lösen
	das Getriebe auf Leerlauf stellen		einsteigen
	das Kupplungspedal treten		den Motor starten

b) Schreiben Sie mithilfe der Stichpunkte aus a) in eigenen Worten eine Vorgangsbeschreibung dazu, wie man ein Auto startet.

SCHRIFTLICH KOMMUNIZIEREN

2 Schreiben Sie anhand der folgenden Abbildungen ein Kochrezept dazu, wie man eine Gemüsesuppe kocht.

SCHRIFTLICH KOMMUNIZIEREN

Die Wegbeschreibung

Eine mündliche Wegbeschreibung muss Rücksicht auf die Merkfähigkeit der oder des Fragenden nehmen. Daher sollten Sie sich in diesem Fall auf die auffälligsten Orientierungspunkte, wie z. B. besondere Gebäude, Bäume usw. und die wichtigsten Straßennamen beschränken. Eine schriftliche Wegbeschreibung, die Sie zum Beispiel an eine Einladung zu einer Veranstaltung anfügen können, kann sehr genaue Angaben und eventuell eine gezeichnete Wegskizze beinhalten.

Daher:
- eindeutige Richtungsangaben gebrauchen,
- Entfernungs- und Zeitangaben verwenden,
- auffällige Orientierungspunkte benennen.

1 Jemand fragt Sie nach dem Weg. Beschreiben Sie anhand der nummerierten Skizzen ❶ bis ❸ die Richtung, in die jemand gehen muss.

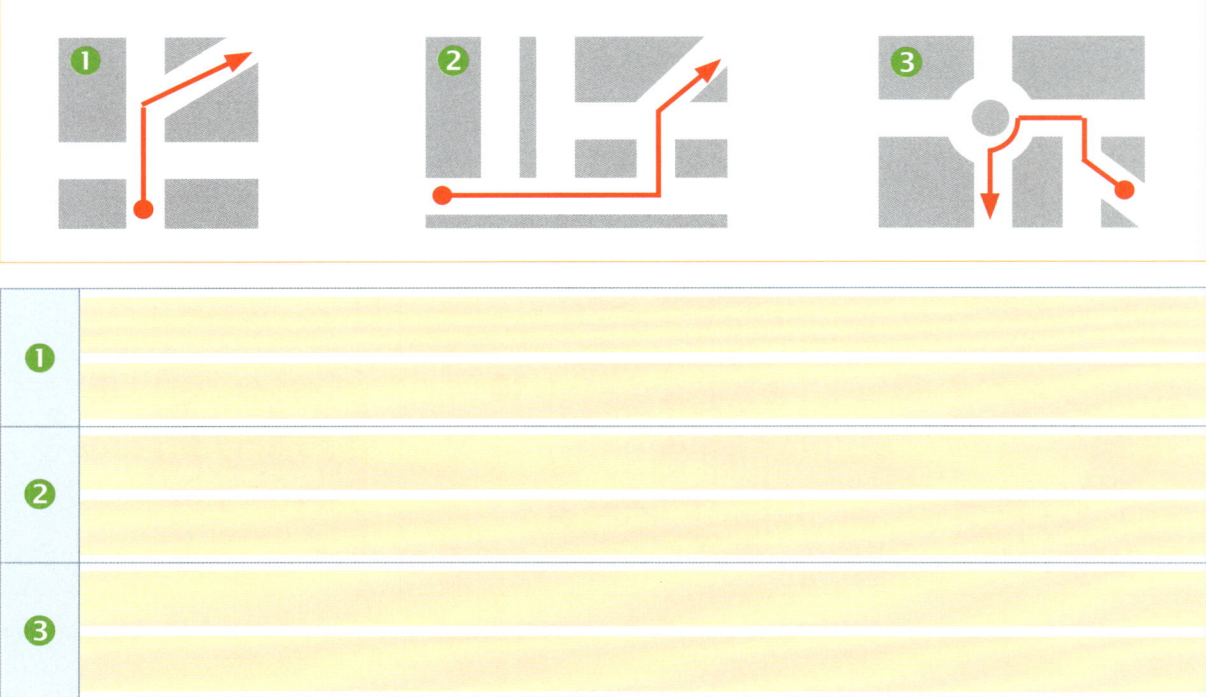

❶	
❷	
❸	

2 Lesen Sie die Wegbeschreibung. Unterstreichen Sie:
a) Verben des Wortfelds „gehen" einfach.
b) Auffällige Orientierungspunkte doppelt.
c) ungefähre Entfernungs- und Zeitangaben in geschwungenen Linien.

Gehen Sie von hier aus bis zur nächsten Kreuzung. Sie laufen anschließend ca. zwei Minuten nach rechts bis zur nächsten Ecke. Auf der gegenüberliegenden Straße sehen Sie den Neptunplatz mit dem Neptunbrunnen. Sie laufen am Brunnen vorbei und biegen nach rechts ab und gehen weiter bis Sie eine Tankstelle sehen. An der Tankstelle folgen Sie dem Hinweisschild mit dem Bild der Bibliothek. Etwa 50 Meter weiter führt ein schmaler Weg links um einen Park herum. Dieser Weg mündet auf einen breiten Platz umgeben von Kirschbäumen. Dort befindet sich die Bibliothek.

SCHRIFTLICH KOMMUNIZIEREN

3 Clara macht einen Ausflug nach Lübeck und will vom Holstentor zum Dom gehen.
  a) Markieren Sie Start und Ziel in der Karte.
  b) Lesen Sie die folgende Beschreibung und zeichnen Sie den Weg, den Clara nimmt, in den Plan ein.

> Start am Holstentor, dann über die Holstenbrücke in die Holstenstraße, dann rechts abbiegen in die Kiesau. An der Marlesgrube links abbiegen und am Ende der Straße wieder rechts abbiegen. Dem Pferdemarkt und dann der Parade bis zum Ende folgen.

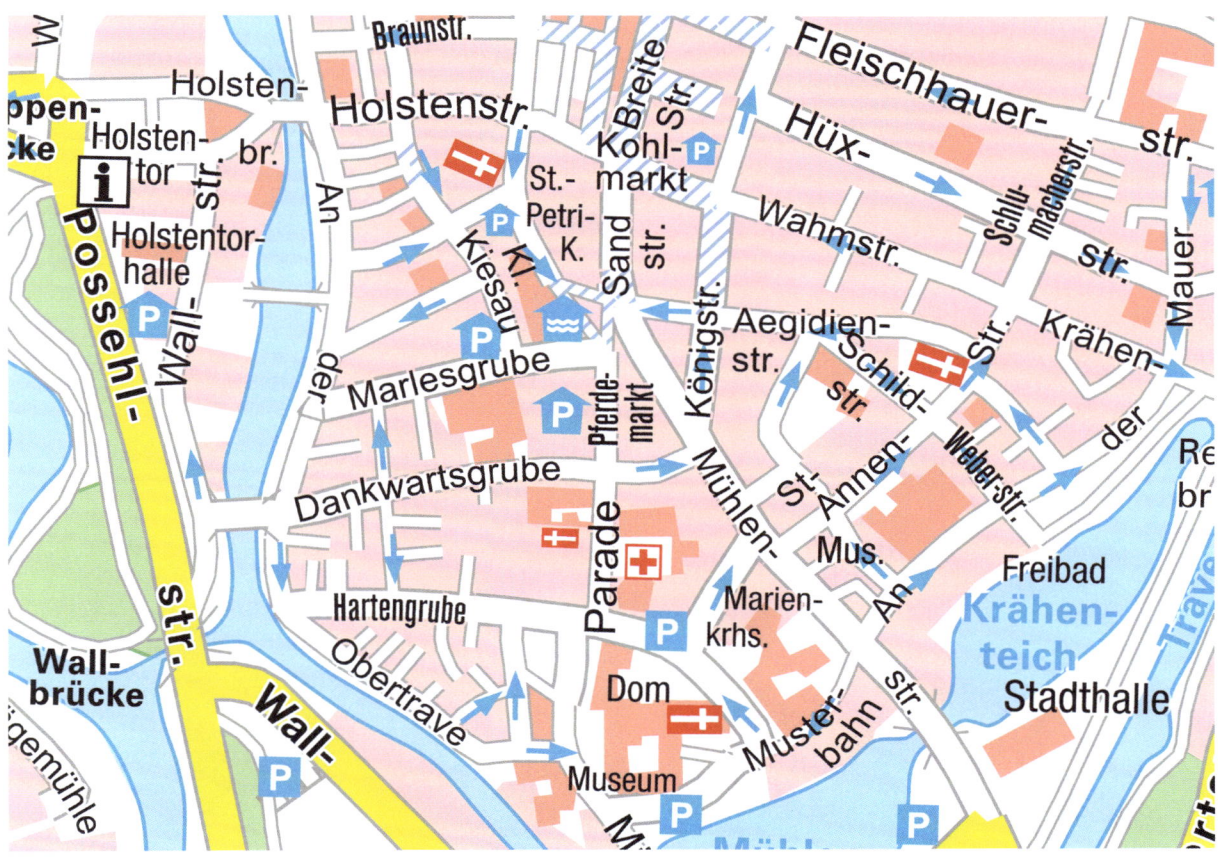

c) Fertigen Sie eine Wegbeschreibung an, wie Clara auf dem Ihrer Meinung nach kürzesten Weg vom Holstentor zum Freibad am Krähenteich kommt.

d) Stellen Sie Ihre Wegbeschreibung vor und lassen Sie Ihre Mitschüler diesen Weg auf der Karte verfolgen.

SCHRIFTLICH KOMMUNIZIEREN

Die Produktbeschreibung

> Mit einer Produkt- oder Gegenstandsbeschreibung beschreiben Sie einen Gegenstand sachlich und genau, sodass sich die Leser (oder Zuhörer) der Beschreibung diesen Gegenstand genau vorstellen können und ihn so konkret vor Augen haben.
> Die Sprache ist neutral und sachlich, eigene, persönliche Bewertungen sollten vermieden werden. Es wird das Präsens (Gegenwartsform) verwendet.
> Nutzen Sie möglichst treffende, beschreibende Adjektive.

1 a) Füllen Sie die Tabelle aus, indem Sie stichwortartig die abgebildeten Produkte beschreiben.

Produkt			
Bezeichnung	Vase		
Farbe, Form, Größe			
Material			
Verwendungszweck			
Wert/Preis; Besonderheit			

SCHRIFTLICH KOMMUNIZIEREN

b) Schreiben Sie zu einem der drei Produkte mithilfe Ihrer Stichpunkte eine vollständige Produktbeschreibung.

2 Lesen Sie die folgenden Produktbeschreibungen und begründen Sie, welche gelungen ist.

> **1** Ich wünsche mir zum Geburtstag diese Uhr, die ich im Schmuckgeschäft bei uns um die Ecke gesehen habe. Sie ist goldfarbend und mit Steinen besetzt. Sie ist recht groß, aber das finde ich sehr schön.

> **2** Ich wünsche mir zum Geburtstag die Uhr von der Firma ABC. Sie hat ein perlmuttfarbenes Ziffernblatt, das mit Steinchen besetzt ist. Das Armband ist goldfarben und breit. Es ist die einzige Uhr von ABC mit einem eingebauten Schrittzähler.

3 Sie haben Ihr Portemonnaie in der Straßenbahn verloren. Verfassen Sie eine Gegenstandsbeschreibung Ihrer Geldbörse für das Fundbüro der Verkehrsbetriebe.

Deutsch Werkzeug Sprache ISBN 978-3-582-48040-8

SCHRIFTLICH KOMMUNIZIEREN

Eine Person beschreiben

1 Ergänzen Sie zu den angegebenen Merkmalen passende Wörter, die geeignet sind, um Personen zu beschreiben.

Merkmal	Beschreibende Wörter; Adjektive
Größe:	
Gesicht/Gesichtsform:	
Augen:	
Nase:	
Haare/Frisur:	
Gestalt:	
Kleidung:	
Besonderheiten:	

SCHRIFTLICH KOMMUNIZIEREN

2 Beschreiben Sie einen Mitschüler/eine Mitschülerin Ihrer Wahl und lesen Sie Ihr Ergebnis vor. Verraten Sie den anderen nicht, wen Sie gewählt haben.

3 Tragen Sie um das Bild herum Informationen für eine Personenbeschreibung ein. Ergänzen Sie selbständig fehlende Merkmale.

blonde Haare

4 Beschreiben Sie die Frau auf dem Bild aus Aufgabe 3. Deuten Sie hierbei auch die Körperhaltung und den Gesichtsausdruck.

SCHRIFTLICH KOMMUNIZIEREN

5 Lesen Sie den Text „Das Fräulein von Scuderi" von E. T. A. Hoffmann.
   a) Markieren Sie alle Merkmale zum äußeren Erscheinungsbild des René Cardillac.
   b) Unterstreichen Sie alle anderen Eigenschaften.

Das Fräulein von Scuderi

René Cardillac war damals der geschickteste Goldarbeiter in Paris, einer der kunstreichsten und zugleich sonderbarsten Menschen seiner Zeit. Eher klein als groß, aber breitschultrig und von starkem, muskulösem Körperbau, hatte Cardillac, hoch in die fünfziger Jahre vorgerückt, noch die Kraft, die Beweglichkeit des Jünglings. Von dieser Kraft, die ungewöhnlich zu nennen, zeugte auch das dicke, krause, rötliche Haupthaar und das gedrungene, gleitende Antlitz. Wäre Cardillac nicht in ganz Paris als der rechtlichste Ehrenmann, uneigennützig, offen, ohne Hinterhalt, stets zu helfen bereit, bekannt gewesen, sein ganz besonderer Blick aus kleinen, tiefliegenden, grün funkelnden Augen hätten ihn in den Verdacht heimlicher Tücke und Bosheit bringen können. Wie gesagt, Cardillac war in seiner Kunst der Geschickteste nicht sowohl in Paris, als vielleicht überhaupt seiner Zeit. Innig vertraut mit der Natur der Edelsteine, wusste er sie auf eine Art zu behandeln und zu fassen, dass der Schmuck, der erst für unscheinbar gegolten, aus Cardillacs Werkstatt hervorging in glänzender Pracht. Jeden Auftrag übernahm er mit brennender Begierde und machte einen Preis, der, so geringe war er, mit der Arbeit in keinem Verhältnis zu stehen schien. Dann ließ ihm das Werk keine Ruhe, Tag und Nacht hörte man ihn in seiner Werkstatt hämmern, und oft, war die Arbeit beinahe vollendet, missfiel ihm plötzlich die Form, er zweifelte an der Zierlichkeit irgendeiner Fassung der Juwelen, irgendeines kleinen Häkchens – Anlass genug, die ganze Arbeit wieder in den Schmelztiegel zu werfen und von neuem anzufangen. So wurde jede Arbeit ein reines, unübertreffliches Meisterwerk, das den Besteller in Erstaunen setzte.

6 Vergleichen Sie Ihre Personenbeschreibung aus Aufgabe 4 mit der literarischen Personenbeschreibung von René Cardillac und notieren Sie Unterschiede.

7 Lesen Sie die Beschreibung von René Cardillac erneut. Wie würde man René Cardillac heute beschreiben? Wandeln Sie die Beschreibung in die heutige Sprache um.

SCHRIFTLICH KOMMUNIZIEREN

8 Zeichnen oder skizzieren Sie René Cardillac nach Ihrer Vorstellung.

SCHRIFTLICH KOMMUNIZIEREN

Offizielle Mitteilungen – Geschäftsbriefe

Als Geschäftsbrief wird eine schriftliche Mitteilung bezeichnet, die von einem Unternehmen oder einer Institution (Behörde, Einrichtung usw.) ausgeht. Wie geschäftliche Schriftstücke gestaltet werden sollten, legt die Norm DIN 5008 fest.

1 Ordnen Sie die Bausteine eines Briefs nach DIN 5008 zu.

Fußzeile • Absenderfeld • Briefkopf • Anschriftsfeld • Bezugszeile • Anlage • Textbereich • Unterschrift • Anrede • Betreff • Briefinhalt • Grußformel • Informationsblock

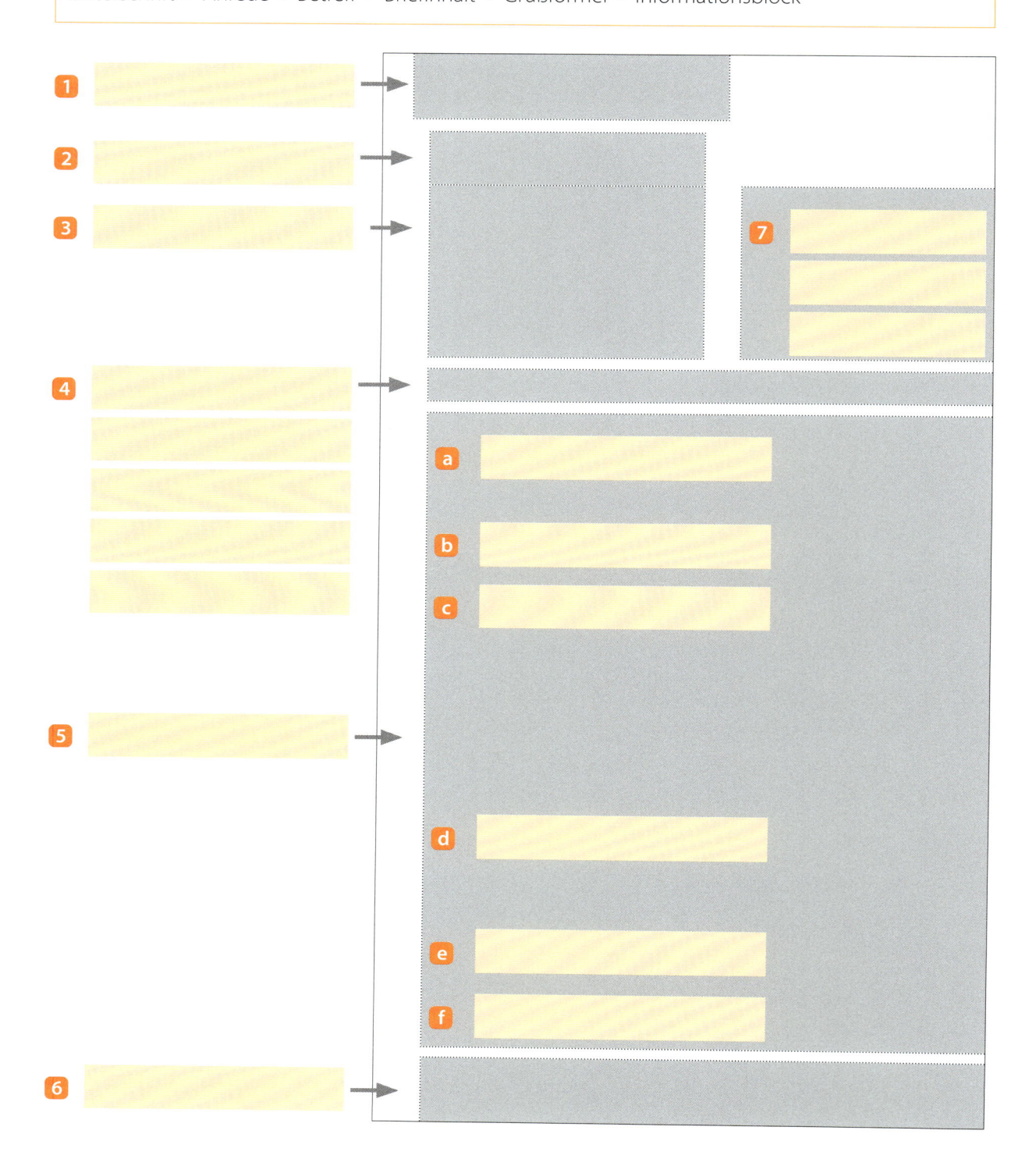

SCHRIFTLICH KOMMUNIZIEREN

2 Kreuzen Sie an, welche Datumsangaben in einem Geschäftsbrief richtig sind.

| ☐ 5.10.2022 | ☐ 05.10.2022 | ☐ 2022 – 10 – 05 | ☐ 05. Oktober 2022 |

3 Kreuzen Sie an, welche Absenderanschriften mit den folgenden Daten richtig sind.

Sommerstr. 3; Urban Fit; 12345 München; Fitnessstudio; zu Hd. v. Claudia Rat

☐ Urban Fit – Fitnessstudio
zu Hd. v. Frau Claudia Rat
Sommerstr. 3, 12345 München

☐ Urban Fit – Fitnessstudio
zu Hd. v. Frau Claudia Rat
Sommerstr. 3
12345 München

☐ Sommerstr. 3
zu Hd. v. Claudia Rat
im Fitnessstudio – Urban Fit
12345 München

☐ zu Hd. v. Claudia Rat
Fitnessstudio – Urban Fit
Sommerstr. 3
12345 München

☐ Frau
Claudia Rat im Fitnessstudio –
Urban Fit
Sommerstr. 3
12345 München

☐ Fitnessstudio Urban Fit
Sommerstr. 3
zu Hd. v. Frau Claudia Rat
12345 München

4 Kreuzen Sie an, welche Anreden als formelle Anrede geeignet sind, wenn Sie einen Geschäftsbrief an das Fitnessstudio *Urban Fit* schreiben und Ihre genauen Ansprechpartner noch nicht kennen.

☐ Liebe Damen und Herren, …
☐ Sehr geehrte Dame, …
☐ Liebe Trainerin, …
☐ Sehr geehrte Trainerin, …
☐ Guten Tag, …

☐ Sehr geehrte Geschäftsführerin, …
☐ Hallo Leute vom Fitnessstudio, …
☐ Sehr geehrte Betreiberin des Studios, …
☐ Sehr geehrte Damen und Herren, …
☐ Sehr geehrte Herren, …

5 Kreuzen Sie die Grußformel an, die in einem formellen Geschäftsbrief verwendet werden sollte, wenn Sie bislang noch keinen vertieften Kontakt mit dem Schriftpartner hatten.

☐ Viele Grüße aus Obersdorf …
☐ Bis bald und auf Wiedersehen, …
☐ Beste Grüße, …
☐ Herzlicher Gruß, …
☐ Auf bald! …

☐ Freundlichst …
☐ Mit freundlicher Empfehlung …
☐ Mit freundlichen Grüßen …
☐ Ciao, …
☐ Mit den besten Wünschen …

SCHRIFTLICH KOMMUNIZIEREN

6 Sie möchten Ihren Vertrag im Fitnessstudio kündigen. Gestalten Sie mit den folgenden Angaben den Textteil eines Geschäftsbriefs. Beginnen Sie mit der korrekten Anrede und enden Sie mit der Grußformel. Begründen Sie Ihre Kündigung im Schreiben.

> Vorzeitige Kündigung des Vertrags zum 01.03.2023, da Sie nach München ziehen • Nachweis liegt bei • falls keine Kündigung möglich, dann Einleiten rechtlicher Schritte

7 Lesen Sie die folgenden Informationen durch und korrigieren Sie die Angaben, indem Sie Überflüssiges durchstreichen.

> **Informationen:**
> - Klaus Fischer hat im Möbelhaus Seco in München am 11.11.2022 einen Schrank bestellt.
> - Vorgangsnummer: 1456
> - Material: komplett aus feinstem Holz, das seine Freundin ausgesucht hat
> - Farbe: ein glänzendes Weiß
> - besteht aus: ein großer Corpus für alle zu verstauenden Dinge, 4 Regalböden für die Sachen der Kinder, 2 Regalböden für das Paar, insgesamt also 6 Regalböden, 2 Schranktüren mit magnetischen Druckknöpfen
> - Mängel: 5 Regalböden geliefert, Schranktüren Beige statt Weiß, Schrauben für die Montage unvollständig
> - fristgerechte Lieferung der Bestellung – 12.12.2022 – wird positiv vermerkt
> - Abholung der falschen Schranktüren, Ergänzung der fehlenden Produkte, umgehende neue Lieferung erbeten, weil der Schrank dringend benötigt wird
> - Kopie der ursprünglichen Bestellung anbei
> - Möbelhaus Seco, 81929 München, Hofstraße 12, Tel.: 0211/3334567
> - Klaus Fischer, 85221 Dachau, Tel.: 0311/452312, Sonnenweg 13

SCHRIFTLICH KOMMUNIZIEREN

8 Schreiben Sie mit den korrigierten Angaben aus Aufgabe 7 eine Reklamation nach DIN 5008. Achten Sie auch auf Ihren Ausdruck.

Lese- und Arbeitstechniken: Texte besser verstehen – Lesetechniken

> **Diagonales Lesen (Querlesen):**
> Ziel: Sich einen Überblick verschaffen, weitere Textarbeit vorbereiten.

1 Lesen Sie *nur* die Überschrift sowie den ersten und den letzten Absatz des folgenden Artikels.

Fischwirt: Von Beruf Fischers Fritze

Ausgerechnet Angler haben gute Jobchancen, denn Fischwirte werden bundesweit gesucht. Liebe zur Natur reicht bei diesem Job aber nicht. Ohne Maschinen geht hier nichts.

Ob Regenbogenforelle, Sprotte oder Karpfen: Etwa 1,1 Millionen Tonnen Fisch und andere Meeresfrüchte landen im Schnitt in Deutschland auf dem Teller – und alle sind hierzulande gezüchtet oder gefangen und anschließend verarbeitet worden. Ob Süß- oder Salzwasser – in Deutschland sind Fischwirte für die Zucht, das Fangen sowie die Verarbeitung von Meeresfrüchten verantwortlich. „Und das sowohl auf den Binnengewässern als auch auf Nord- und Ostsee", sagt Markus Kühlmann vom Ruhrverband.

Aufgegliedert ist der Beruf derzeit noch in die drei Fachrichtungen „Fischhaltung und Fischzucht", „Seen- und Flussfischerei" sowie „kleine Hochsee- und Küstenfischerei", wobei die ersten beiden ab 2017 zusammengefasst werden. Offiziell wird die Berufsbezeichnung dann „Fischwirt für Binnenfischerei und Aquakultur" heißen.

Die erste Fachrichtung beschäftigt sich intensiv mit der Pflege und Aufzucht von (Süßwasser-) Fischen in extra dafür angelegten und bewirtschafteten Seen und Teichen. Oft sind die Betreiber auf eine bestimmte Art spezialisiert. [...]

Wer sich auf die Hochsee- und Küstenfischerei spezialisiert, arbeitet in der Regel in den küstennahen Bundesländern, also in Niedersachsen, Schleswig-Holstein und Mecklenburg-Vorpommern. Die Fischwirte hier fangen mit Fischerbooten und -schiffen und nutzen Netze. Und sie haben es nicht nur auf Seefisch, sondern auch auf Muscheln und Krebse abgesehen.

Ganz gleich, auf welche Richtung man spezialisiert ist, ohne Technik geht in diesem Beruf nichts. Ein gutes technisches Verständnis gehört daher für einen Fischwirt zur Arbeit dazu. „Fischwirte müssen ihre Maschinen warten und kleinere Reparaturen auch selbst durchführen können", sagt Kühlmann. Handwerkliches Geschick sowie gute motorische Fähigkeiten sind daher Voraussetzung. Trotz des Einsatzes vieler Maschinen ist zudem Handarbeit gefragt. „Bei der Wartung und Reparatur von Boots- oder Schiffsmotoren, Gabelstaplern oder Traktoren oder sogar Sonartechnik wird täglich viel geschraubt. Man muss daher gut mit Werkzeugen umgehen können. Auch der Umgang mit Metall und Kunststoff wird schon während der Ausbildung beigebracht", sagt Kühlmann.

Erst Angler, dann Fischwirt
Neben manuellem Geschick sollten Fischwirte gute Mathematik- und Biologiekenntnisse haben, reges Interesse an der Biologie und der Tierwelt sowie Naturverbundenheit mitbringen. Auch ein gewisses Maß an körperlicher Fitness ist wichtig für die Arbeit. „Zu guter Letzt müssen Fischwirte wetterfest sein, denn wir arbeiten bei Wind und Wetter", sagt der Experte. Die meisten Bewerber seien das aber gewohnt, denn vielfach führt die Leidenschaft fürs Angeln in den Beruf.

(aus: www.zeit.de, 2016)

LESE- UND ARBEITSTECHNIKEN

2 Kreuzen Sie die richtigen Antworten an. Mehrfachnennungen sind möglich.

- A Der Text informiert über den Beruf „Fischwirt".
- B Der Text ruft dazu auf, den Beruf des „Fischwirtes" zu ergreifen.
- C Der Text richtet sich an Arbeitgeber, damit sie Fischwirte ausbilden.
- D Der Text richtet sich an Personen, die wissen wollen, ob eine Ausbildung zum Fischwirt für sie in Frage kommt.

3 Überfliegen Sie nun den gesamten Text. Welche Informationen liefert Ihnen der Text? Kreuzen Sie die richtigen Antworten an. Mehrfachnennungen sind möglich.

- A Einstiegsgehalt nach Ausbildung
- B Ausbildungsdauer
- C Chancen am Arbeitsmarkt
- D Voraussetzungen für den Ausbildungsberuf
- E Adressen von Firmen, die ausbilden
- F Fachrichtungen innerhalb des Berufsbilds

4 Lesen Sie den Text punktuell und beantworten Sie die Fragen in Stichworten.
Tipp: Suchen Sie im Text nach dem Wort, das in der Frage fettgedruckt ist. Lesen Sie diese Textstelle. Beantworten Sie die Frage. Prüfen Sie, ob im Absatz davor oder danach noch wichtige Informationen zu der Frage stehen. Lesen Sie diese und vervollständigen Sie Ihre Antwort.

a) Welche **Voraussetzungen** sollten Ausbildungsinteressierte mitbringen?

b) Was macht eine Fischwirtin/ein Fischwirt für **Binnenfischerei und Aquakultur**?

c) Was macht ein Fischwirt, der sich auf **Hochsee- und Küstenfischerei** spezialisiert hat?

5 Lesen Sie die Überschrift und die Fußnote des vorliegenden Textes

Generation Y[1]: Viele Junge sind mit Altersvorsorge überfordert

Sie kennen das Risiko und sorgen trotzdem nicht vor: Viele junge Menschen sparen lieber für Urlaub oder Studium. Forscher warnen vor einer Generation Altersarmut.
Beim Sparen konzentriert sich die Generation Y eher auf die Gegenwart und weniger auf Altersvorsorge, zeigt eine Studie.

Überfordert durch Planung

Die junge Generation, die sogenannte Generation Y, investiert wenig in die eigene Altersvorsorge, obwohl sie sich der Lücken des Rentensystems bewusst ist. Zu diesem Ergebnis kommt eine Studie von TNS Infratest Sozialforschung und der Hertie School of Governance im Auftrag des Versorgungswerks MetallRente.

Demnach sparen 35 Prozent regelmäßig fürs Alter, drei Prozent weniger als bei der ersten Umfrage vor sechs Jahren. Aus Sicht der Forscher braucht es vor diesem Hintergrund ein Umlenken der Politik, um die junge Generation vor Altersarmut zu schützen. Mit Generation Y sind die zwischen 1980 und 1999 Geborenen gemeint.

„Auch 15 Jahre nach der Rentenreform hat sich noch keine Kultur zusätzlicher Vorsorge in Deutschland entwickelt. Die Tendenz geht bei der jungen Generation sogar in die entgegengesetzte Richtung", sagte der Studienmitherausgeber und Wissenschaftler Christian Traxler. Viele fühlten sich angesichts der langen Vorplanung überfordert und verstünden die verschiedenen Vorsorgeangebote nicht. […]

Zugleich erklärte der Jugendforscher und Studienleiter Klaus Hurrelmann, dass die positiven Erwartungen der Jugend an die eigene Zukunft gestiegen seien. Knapp drei Viertel gehen demnach von einer guten persönlichen Entwicklung aus. Auch die Entwicklung Deutschlands beurteile die Generation Y zunehmend positiv.

Beim Sparen interessiere die junge Generation aber mehr die Gegenwart, etwa der kommende Urlaub, die Ausbildung oder das Studium. […]

Mehrheit kalkuliert mit spätem Renteneintrittsalter

Die Mehrheit ist laut Studie der Meinung, dass sie sowieso noch weit über das 65. Lebensjahr hinaus arbeiten muss. Dennoch könne es so nicht weitergehen. „Denn selbst, wenn jemand vorbildlich in alle drei Säulen[2] der Altersvorsorge einzahlt, kann er am Ende nicht mit einem zufriedenstellenden Ergebnis rechnen", so Hurrelmann. Der jungen Generation drohe dann die Altersarmut.

Dabei befürworten knapp zwei Drittel (65 Prozent) automatische Sparregelungen etwa bei Berufsbeginn. Wenn eine solche Sparregel mit einer Ausstiegsoption[3] kombiniert wird und es noch Zuschüsse gibt, sind 89 Prozent dafür. Wissenschaftler Traxler überrascht dieses Ergebnis. „Es scheint so, als wünschen sich Jugendliche einen Automatismus, der ihnen eigenständige Entscheidungen zumindest teilweise abnimmt", sagte der Ökonom.

Die große Mehrheit (91 Prozent) wünscht sich zudem ab Eintritt ins Berufsleben jährliche Informationen zu den eigenen Rentenansprüchen. Diese müssten aber auch für den Laien verständlich sein.

Für die Untersuchung hat TNS Infratest Sozialforschung 2.500 junge Menschen zwischen 17 und 27 Jahren zu ihren Vorstellungen für die persönliche Zukunft und über ihre Einstellungen und Strategien zur Altersvorsorge befragt.

(aus: www.zeit.de, 2016)

---

[1] Generation Y ist die Bezeichnung für die Generation, die zwischen 1980 und 1999 geboren ist.
[2] gesetzliche Vorsorge, betriebliche Vorsorge, private Vorsorge
[3] flexible Möglichkeiten in Rente zu gehen

LESE- UND ARBEITSTECHNIKEN

6 Stellen Sie einen Bezug zum Text her und aktivieren Sie Ihr Vorwissen, indem Sie folgende Fragen beantworten.

	ja	nein
A Gehören Sie der Generation Y an?		
B Ich weiß, was Altersvorsorge ist.		
C Ich habe mich schon mit meiner Altersvorsorge beschäftigt.		

7 Lesen Sie den Text ganz und verfassen Sie ein Leseprotokoll, indem Sie das folgende Raster stichpunktartig ausfüllen.

Absatz	Um wen geht es?/Wo liegt das Problem?	Welche Informationen sind wichtig, um Ausmaß und Hintergrund des Problems zu verstehen?	Verständnisfragen
1			
2			
3			

8 Untersuchen Sie den folgenden Text, indem Sie die Aufgaben a) bis f) bearbeiten.

a) Lesen Sie die Überschrift, den ersten Absatz sowie den letzten Satz des Textes.

Eltern brauchen Grenzen

Werdet endlich erwachsen, Leute!

von Uli Hauser

Wir werden nicht mehr alt: tragen Hoodies und Basecaps, leben in Szenevierteln, fahren Skateboard und hungern für eine gute Figur. Aber was wird aus den Kindern der Spaßgeneration?

Erwachsen zu werden war noch nie so schwer wie heute. […]

Fortysomething[1]-Mütter tragen bauchfrei

Ohne eine Idee davon, was es bedeutet, erwachsen zu sein, gibt es auch keine klare Vorstellung davon, was Kindheit bedeutet. Die Kinder von heute werden unterfordert und überschätzt. Viele Eltern verstehen sich als Freunde und Kumpel. So ziehen sie mit zweijährigen Kindern bei „Halloween" um die Häuser. Fortysomething-Mütter tragen bauchfrei und lassen sich die Falten glätten: Sie weigern sich, erwachsen zu werden. Männer gehen in der Lebensmitte zum Arzt und bekommen zu hören, dass sie, biologisch gesehen, „noch 20 Jahre lang 40 sein können". Wir werden nicht älter, sondern bleiben immer länger jung. […] Die Kinder haben es schwer, sich gegen den Jugendwahn der Gesellschaft zu behaupten. Sie wundern sich, wie wir faltigen Bekannten dreist ins Gesicht lügen, wie jung sie dreinschauen. Alle werden jünger, nur Kinder nicht. In Fitness-Studios kämpfen juvenile Rentner gegen den Verfall. Die Jugend dehnt sich bis ins hohe Alter. Für immer jung, für immer gesund, für immer schön, für immer gut drauf: Wie sollen Kinder da lernen, dass alles seine Zeit hat, dass es Probleme gibt, es im Leben nicht immer glatt läuft?

Rentner rasen auf Rollschuhen durch die Stadt und Schauspieler auf Rollerblades zur Oscar-Verleihung. Die Grenzen zwischen den Generationen verschwinden. Wir sind jung, wir kennen keine Sorgen: aus Oma und Opa werden der Gunter und die Helga. […]

Berufsjugendliche Latte-macchiato-Eltern

Die coolsten Väter und Mütter der Welt wohnen in Deutschlands Szenevierteln. […] Ihre geringste Sorge ist, dass ihre Kinder zu dick werden. Die kommen mit Croissants über die Runden und meistens ohne Frühstück in die Schule, weil ihre schlanken Mütter auch erst am Mittag die Mikrowelle anwerfen. Nach dem Kind ist vor dem Kind: Ihren „urban lifestyle"[2] wollen diese Eltern nicht ändern. Sie schleppen ihre Kinder überall mit hin; längst können sich Gastwirte im Internet Bastelbögen herunterladen, damit die Kleinen im Familienrestaurant mit angeschlossenem Erlebnis-Biergarten „Wartezeiten mit kreativen Aufgaben überbrücken".

Es wird spannend zu hören, was die Generation später von ihrer Kindheit berichten wird.

(aus: www.stern.de, 2014)

[1] 40 Jahre und älter; [2] Großstädtischer Lebensstil (z. B. durch Nutzen von kulturellen Angeboten, Ausgehen, Unterhalten werden)

LESE- UND ARBEITSTECHNIKEN

b) Kreuzen Sie an, um welches Thema es in dem Text gehen könnte.

   A   Es geht um das Verhältnis der Eltern, die nur Spaß haben wollen, zu ihren Kindern.

   B   Es geht darum, welche Auswirkungen es auf Kinder hat, dass ihre Eltern immer jung bleiben wollen.

   C   Es geht um die enge Freundschaft zwischen Eltern und ihren Kindern.

c) Lesen Sie nun den gesamten Artikel. Kreuzen Sie an, ob Ihre Vermutung richtig war.

   Ja   Nein

d) Lesen Sie den Text ein zweites Mal und machen Sie sich in der rechten Spalte neben dem Text Notizen. Greifen Sie dabei auf folgendes System zurück:

Informationen zu Eltern/Großeltern	El	Informationen zu Kindern/Jugendlichen	K
wichtige Aussage/Feststellung	!	sprachliche Besonderheit	Spr
verstehe ich noch nicht	?		

e) Notieren Sie in den folgenden Spalten die vier wichtigsten Aussagen zu Eltern/Großeltern und Kindern/Jugendlichen.

Eltern/Großeltern	Kinder/Jugendliche

f) Notieren Sie die drei wichtigsten Aussagen, die Sie mit einem Ausrufezeichen gekennzeichnet haben.

LESE- UND ARBEITSTECHNIKEN

Schwierige Texte leichter verstehen – die 5-Schritt-Lesetechnik

Schwierige Texte erarbeiten mit der 5-Schritt-Lesetechnik
Mit dieser Methode kombinieren Sie die bisher gelernten Techniken und erarbeiten sich einen komplexen Text in folgenden Schritten:
1. Überfliegen des Textes: Lesen von Überschrift, erstem und letztem Satz oder bei langen Texten vom ersten und letzten Abschnitt und den Zwischenüberschriften.
2. Fragen an den Text stellen: Um welches Problem/Thema geht es? Wird informiert/eine Meinung geäußert/zu etwas aufgerufen?
3. Genaues Lesen und am Rande Markierungen machen.
4. Gliedern und zusammenfassen: Überschriften zu den einzelnen Abschnitten finden und jeweils den Inhalt kurz in eigenen Worten zusammenfassen.
5. Wiederholen: Notizen aus 4. auf Vollständigkeit überprüfen, Fragen aus 2. beantworten und eine Zusammenfassung schreiben.

1 Wenden Sie die 5-Schritt-Lesetechnik auf den rechts stehenden Text an, indem Sie den Arbeitsaufträgen folgen.
   a) Lesen Sie die folgenden Informationen (1. Schritt: Überfliegen des Textes).

   • Das ist die Überschrift:

   • Das ist der erste Satz:

   • Das ist der letzte Satz:

   • Information zur Quelle: Der Text stammt aus einer Beratungsbroschüre der Polizei.

   b) Beantworten Sie die Fragen an den Text (2. Schritt: Fragen an den Text stellen).
   • Um welches Thema/Problem geht es vermutlich in dem Text?

   Es geht in dem Text um das Thema:

   • Worüber wird informiert/eine Meinung geäußert bzw. wozu wird aufgerufen?

LESE- UND ARBEITSTECHNIKEN

c) Lesen Sie den Text genauer. Machen Sie sich dabei Notizen am Rand (3. Schritt: Genaues Lesen und Markierungen am Rand machen).
Sie können auf folgende Kürzel zurückgreifen und/oder eigene hinzufügen.

Definition (Def)	Ursache (Ur)	Konsequenz (Kon)	wichtig (!)	verstehe ich nicht (?)
Eigene Kürzel:				

Cybermobbing: Neue Form der Gewalt

1 „Klassisches" Mobbing ist ein aggressives Verhalten, mit dem ein anderer Mensch **absichtlich körperlich oder psychisch über einen längeren Zeitraum geschädigt** wird. Mobbing ist in der Regel kein individuelles Problem zwischen Täter(in) und Opfer, sondern muss als Prozess betrachtet werden, an dem eine ganze Klasse oder Gruppe in verschiedenen Rollen beteiligt ist. Die Ursachen für Mobbing sind vielfältig, es kann sich praktisch überall entwickeln, wo Menschen zusammen leben, lernen oder arbeiten. Die **Anlässe für Mobbing sind häufig banal**, mitunter genügt es, dass ein späteres Opfer „anders" als die anderen ist. Dies können äußere Merkmale sein (Kleidung, Style, Sozialstatus etc.). Aber auch Verhaltens- oder Arbeitsweisen, politische, kulturelle oder religiöse Zugehörigkeiten können einen Anlass für Mobbing geben.

2 Cybermobbing ist eine Sonderform des Mobbings.
Cybermobbing weist im Grunde die gleichen Tatumstände auf, es bedient sich lediglich anderer Methoden. **Die Täter(innen) nutzen Internet- und Mobiltelefondienste zum Bloßstellen und Schikanieren ihrer Opfer.** Hierzu zählen im Internet E-Mail, Online-Communities, Mikrobloggs, Chats (Chatrooms, Instant Messenger), Diskussionsforen, Gästebücher und Boards, Video- und Fotoplattformen, Websites und andere Anwendungen. Mobiltelefone werden für Mobbingaktivitäten genutzt, um die Opfer mit Anrufen, SMS, MMS oder E-Mails zu tyrannisieren. Die multimediale Ausstattung der Mobiltelefone mit Foto- und Videokamera, Sprachaufzeichnungsmöglichkeit und Internetzugang gibt jungen Menschen im Kontext des Mobbings leicht nutzbare Technologien an die Hand.

3 Das Internet scheint die Hemmschwelle für Mobbingaktivitäten zu senken. Viele Kinder und Jugendliche trauen sich in der scheinbar anonymen virtuellen Welt eher, eigene Angriffe gegen andere, Beleidigungen oder Bloßstellungen von Menschen zu vollziehen. Dabei gibt es einen fließenden Übergang von „Spaß" oder „Neckereien" zur Gewaltausübung im Sinne von Mobbing. Mit Aussagen wie „Das war doch nicht ernst gemeint, das war nur Spaß" **verdeutlichen junge Menschen, dass ihnen häufig das notwendige Unrechtsbewusstsein, die erforderliche Sensibilität für ihr eigenes Handeln fehlt.** Andererseits erleben sie in Schule, sozialem Umfeld, Medien und Politik Erscheinungen und Personen, die durch vergleichbares Handeln den Eindruck entstehen lassen, dass es „in Ordnung" sei, andere bloßzustellen oder zu beleidigen. […]

4 Cybermobbing selbst ist kein Straftatbestand. Aber in **Cybermobbing vereinigen sich einzelne Straftaten** – das ist vielen Tätern/innen nicht bewusst. Beleidigungen, Drohungen oder die scheinbar harmlose Verbreitung von Bildern und Videos können **ernsthafte Folgen** auch für den oder die Täter haben.

(aus: Quelle: www.polizei-beratung.de, 2016)

d) Formulieren Sie für jeden Abschnitt des Textes von Seite 51 eine Überschrift und fassen Sie den Inhalt in eigenen Worten zusammen (4. Schritt: Gliedern und zusammenfassen).

1. Überschrift	
Zusammenfassung	
2. Überschrift	
Zusammenfassung	
3. Überschrift	
Zusammenfassung	
4. Überschrift	
Zusammenfassung	

LESE- UND ARBEITSTECHNIKEN

e) Beantworten Sie mithilfe Ihrer Arbeitsergebnisse in d) die folgenden Fragen, ohne den Text weiter zur Hilfe zu nehmen (5. Schritt: Auf Vollständigkeit überprüfen).

A	Was ist Mobbing?	
B	Wie entsteht Mobbing?	
C	Was sind die Kennzeichen von Cybermobbing?	
D	Welche Ursachen hat Cybermobbing?	
E	Ist Cybermobbing strafbar?	

f) Kreuzen Sie an, welche der folgenden Aussagen alle Sinnabschnitte des Texts am treffendsten wiedergibt.

- A Der Autor des Textes macht deutlich, dass Cybermobbing eine Gewalttat ist, die immer strafrechtlich verfolgt wird.
- B Der Autor erklärt den Opfern, dass sie eine Mitschuld haben, wenn sie gemobbt werden, weil sie anders sind.
- C Der Autor informiert über Ursachen und Formen von Cybermobbing, die auch strafrechtliche Konsequenzen haben können.
- D Der Autor setzt sich kritisch mit den Ursachen für Mobbing und Cybermobbing auseinander.

Deutsch Werkzeug Sprache ISBN 978-3-582-48040-8

Gedanken strukturieren – die Mindmap

> **Mindmap**
> 1. Die Mindmap ist eine Ideensammlung, mit der Inhalte strukturiert werden.
> 2. Die Mindmap kann auch dazu genutzt werden, komplexere Inhalte eines Textes grafisch so darzustellen, dass sich die Zusammenhänge auf einen Blick erschließen.
> 3. Diese Form der Textbearbeitung eignet sich auch besonders gut, um Textinhalte zu lernen.
> 4. Um einen Text mithilfe einer Mindmap zu strukturieren, geht man folgendermaßen vor:
>   - Text lesen,
>   - zentrales Thema benennen und dieses als Stichwort in die Mitte eines Blattes schreiben,
>   - Signalwörter markieren,
>   - Schlüsselwörter markieren,
>   - Mindmap erstellen.

Tipp: Signalwörter sind die Wörter, die einen Text strukturieren, z. B. Nominale, Adverbien und Konjunktionen. Schlüsselwörter sind die Wörter im Text, die für das inhaltliche Verständnis besonders wichtig sind.

1 a) Markieren Sie im folgenden Text die Signalwörter, indem Sie diese einkreisen.
b) Unterstreichen Sie die Schlüsselwörter.

Wie funktionieren Impfungen?

Zunächst muss man wissen, dass unser Immunsystem uns gesund erhält. Es reagiert in zwei Schritten auf krankmachende Erreger von außen. Der erste Schritt ist das Erkennen dieser körperfremden Eindringlinge. In einem zweiten Schritt werden diese bekämpft. Für das Bekämpfen von Eindringlingen stehen dem Immunsystem wiederum zwei sehr unterschiedliche Strategien zur Verfügung. Die erste Strategie ist das Bilden von Abwehrstoffen, sogenannten Antikörpern. Die zweite Strategie ist die als Fieber bekannte Erhöhung der Körpertemperatur. Beim Impfen macht man sich die erste Strategie zunutze, indem man den Körper mit dem Erreger bekannt macht und ihn somit anregt, Antikörper zu bilden. Dabei unterscheidet man zwischen zwei Impfformen, der aktiven und der passiven Immunisierung. Bei einer aktiven Impfung wird dem Körper eine unschädlich gemachte Menge der Krankheitserreger geimpft. Das macht man in der Regel durch eine Spritze oder durch eine Schluckimpfung. Dadurch lernt der Körper diese Erreger kennen und bildet aktiv Antikörper. Bei einer passiven Immunisierung wird ein Serum verabreicht, das schon die Antikörper enthält. Beide Formen der Immunisierung haben sowohl Vorteile als auch Nachteile. Passive Immunisierungen werden bei Patienten genutzt, die sich schon angesteckt haben, damit der Körper schneller mit der Infektion fertig werden kann.

LESE- UND ARBEITSTECHNIKEN

Aktive Immunisierungen sind für den Körper anstrengender. Der Vorteil bei einer aktiven Immunisierung ist, dass die Antikörper jahrelang im Blut bleiben und sofort aktiv werden, wenn der Mensch mit dem Erreger Kontakt hat. Passive Immunisierungen helfen allerdings schneller, aber die Wirkung ist deutlich kurzfristiger, weil die Antikörper wieder aus dem Blut verschwinden.

2 Erstellen Sie mithilfe Ihrer Textmarkierungen eine Mindmap.

LESE- UND ARBEITSTECHNIKEN

Schaubilder verstehen und selbst erstellen

Schaubilder auswerten und interpretieren
1. Beschreibung des Dargestellten (Überschrift, Quellenangaben, Thema, Form des Schaubilds, Beschreibung von Ergänzungen wie Fotos, Zeichnungen usw.).
2. Analyse des Dargestellten: Welche Informationen können Sie der Darstellung entnehmen? Welche Erkenntnisse und Zusammenhänge werden dadurch deutlich?
3. Interpretation des Dargestellten: Erstellen Sie eine zusammenfassende eigene Deutung. Was können Sie aus der Darstellung, bezogen auf eine bestimmte Fragestellung, entnehmen? Welche Ursachen- und Wirkungszusammenhänge ergeben sich und was lässt sich daraus schließen?
4. Abschließende Beurteilung: Welche Aussagen werden besonders gut durch das Schaubild verdeutlicht? Wo liegen die Grenzen? Was bleibt unberücksichtigt in Bezug auf das Thema allgemein oder die Fragestellung?

1 Betrachten Sie das folgende Schaubild.

Schulabschluss von Frauen im Vergleich 2017

Altersgruppe 20–29 Jahre:
5 % | 12 % | 27 % | 56 %

Altersgruppe 60 und älter:
5 % | 54 % | 27 % | 14 %

- ohne allgemeinen Schulabschluss
- Hauptschulabschluss
- Realschul- oder gleichwertiger Abschluss
- Fachhochschul- oder Hochschulreife

Datenquelle: Statistisches Bundesamt; Berechnungen: Bundesinstitut für Bevölkerungsforschung, 2020

2 Beschreiben und analysieren Sie das Schaubild, indem Sie die folgenden Fragen beantworten.

a) Wie lautet die Überschrift zu dem Schaubild?

b) Welche Quelle wird verwendet?

c) Von wann ist das Schaubild?

d) Zu welchem Thema wird mit dem Schaubild etwas visualisiert?

LESE- UND ARBEITSTECHNIKEN

e) Welche Form der Darstellung wird verwendet?

f) Was wird dargestellt?

g) Welche Informationen können Sie dem Schaubild entnehmen?

h) Fassen Sie Ihre Analyse in einem Satz zusammen.

3 Ein Schaubild selbst anfertigen.
   a) Lesen Sie die folgenden Informationen.

> Pressemitteilung Nr. 090 vom 13.03.2017:
>
> ## 36 % der privaten Konsumausgaben wenden die Haushalte für Wohnen auf
>
> WIESBADEN – Mit durchschnittlich 859 Euro im Monat gaben die privaten Haushalte in Deutschland im Jahr 2015 rund 36 % ihrer Konsumbudgets für den Bereich Wohnen, Energie und Wohnungsinstandhaltung aus. […]
>
> Hinter den Wohnausgaben lagen die Ausgaben für Nahrungsmittel, Getränke und Tabakwaren mit 14 % sowie für Verkehr mit 13 % an zweiter und dritter Stelle. Danach folgten mit gut 10 % die Ausgaben für Freizeit, Unterhaltung und Kultur. Die restlichen rund 27 % entfielen auf die Ausgaben für Gaststätten- und Beherbergungsdienstleistungen, Innenausstattung, Bekleidung, Gesundheit, Post und Telekommunikation, Bildung sowie andere Waren und Dienstleistungen. Im Durchschnitt beliefen sich die monatlichen Konsumausgaben eines privaten Haushalts im Jahr 2015 auf 2391 Euro.
>
> *(Quelle: https://www.destatis.de)*

   b) Erstellen Sie eine Tabelle, in die Sie die Angaben eintragen.

Wohnen, Energie, Wohnungsinstandhaltung	36 %

   c) Erstellen Sie ein Kreisdiagramm auf Grundlage der Tabelle.

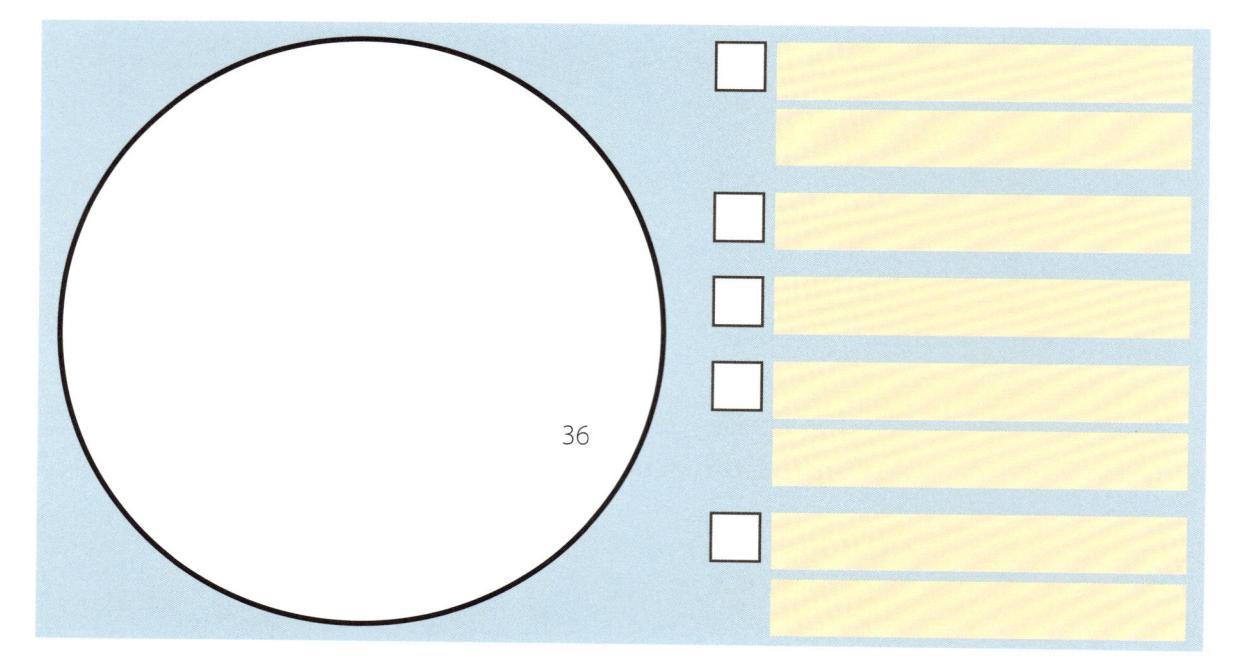

36

LESE- UND ARBEITSTECHNIKEN

4 Stellen Sie folgende Informationen als Säulendiagramm dar.

Die Zeitschrift „Chrismon" hat im April 2017 bei dem Meinungsforschungsinstitut EMNID eine Umfrage in Auftrag gegeben. Sie ließ erfragen, wem man sich bei einer persönlichen Krise anvertraut. Mehrfachnennungen waren möglich. So lautet das Ergebnis: 1 % Internetforum, 14 % einem Geistlichen (z. B. Pfarrer), 30 % einem Therapeuten, 54 % *Ich mache das mit mir selbst aus*, 64 % einer Freundin/einem Freund, 78 % einem Familienmitglied.

(Quelle: https://chrismon.evangelisch.de)

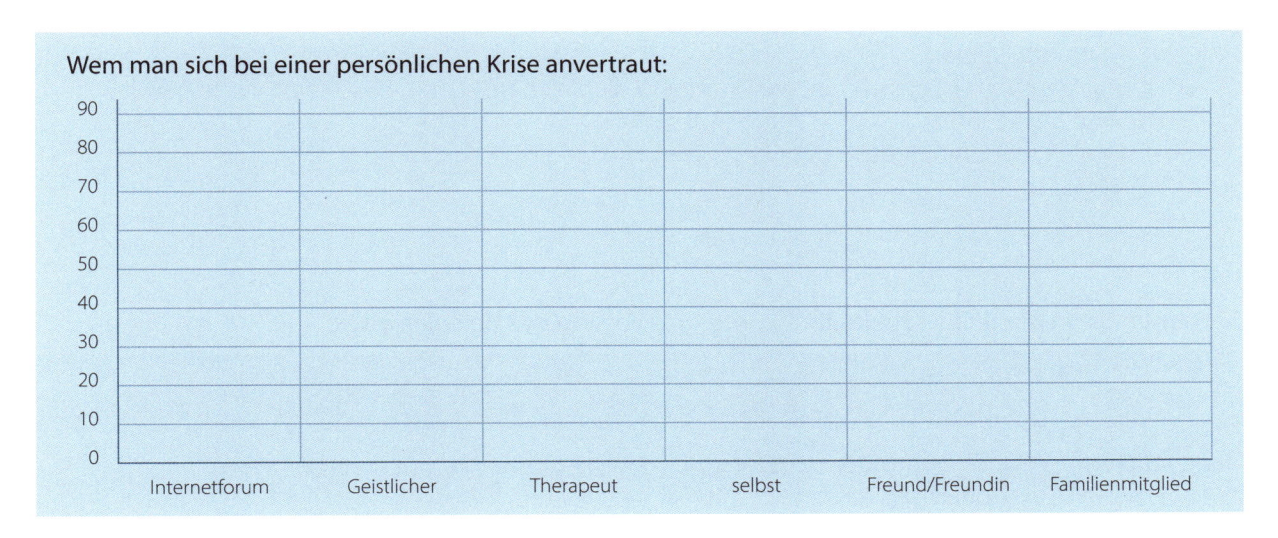

5 Stellen Sie die folgenden Informationen in einem Säulendiagramm dar.

abgeschlossene Ausbildungsverträge in der Bundesrepublik Deutschland.					
2014:	523.201	**2015:**	522.161	**2016:**	520.272
2017:	523.290	**2018:**	531.413	**2019:**	525.038
2020:	467.485				

(Quelle: http://www.zdh-statistik.de)

Studienanfänger in der Bundesrepublik Deutschland.					
2014:	504.882	**2015:**	506.580	**2016:**	509.760
2017:	513.166	**2018:**	511.997	**2019:**	508.689
2020:	488.585				

(Quelle: https://de.statista.com)

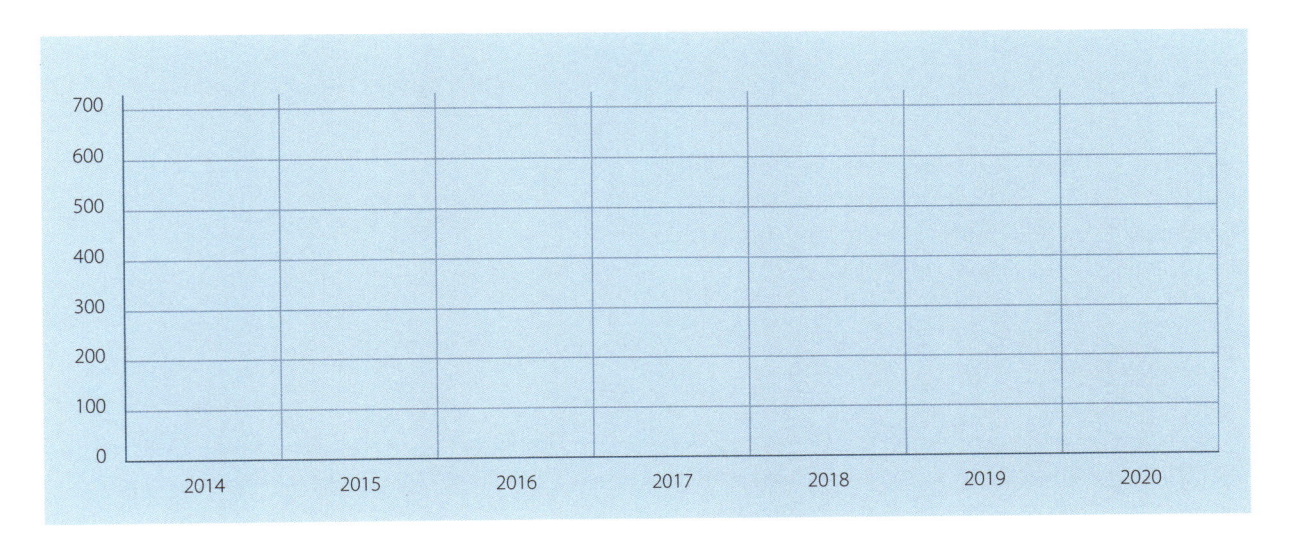

LESE- UND ARBEITSTECHNIKEN

Texte überarbeiten

Textüberarbeitung
1. Lesen Sie den selbst geschriebenen Text vor. Dabei lesen Sie sehr leise für sich.
2. Markieren Sie während des Lesens die Stellen, bei denen Sie selbst stocken bzw. Ihre eigenen Sätze nicht mehr nachvollziehen können.
3. Überprüfen Sie die markierten Stellen auf folgende Aspekte:
   a) Vollständigkeit des Satzes,
   b) Richtigkeit des Ausdrucks,
   c) Korrektheit der Fachsprache,
   d) Nachvollziehbarkeit der Gedanken,
   e) Grammatikfehler.
4. Überprüfen Sie nun die Rechtschreibung und die Zeichensetzung besonders auf folgende Aspekte hin:
   a) Groß-/Kleinschreibung,
   b) das/dass,
   c) Kommasetzung.

1 Schreiben Sie in die rechte Spalte Ihre korrigierte Version des Beispielsatzes.

Fehlertyp/ Korrekturzeichen	Beispielsatz	korrigierte Version
falscher Begriff/**W**	Seine größte These besteht darin, dass ...	Seine Hauptthese lautet, dass ...
falscher Begriff/**W**	Die Sprache ist häufig ironisch dargestellt.	
falscher oder kein Bezug/**Bz**	Die Problematik des Textes besteht darin, dass Läden aller Art versuchen, durch Werbung zum Kauf zu verführen.	
ungenaues Zitieren/**Zitat**	Gleich in Zeile vier lässt die Autorin ihren Gefühlen freien Lauf.[1]	
Falscher Fachausdruck/**A**	Er appelliert, dass Partybilder zu veröffentlichen sehr gefährlich werden könne.	

[1] Der Text lautet: „Ich hab´s satt. Dieses ständige Konsumieren." Ruth Moschner: Der Geldbeutel bleibt zu – Ruth Moschner läutet Wochen der Shopping-Diät ein; www.berliner-kurier.de, 10.4.2014. (Schulbuch Seite 227)

LESE- UND ARBEITSTECHNIKEN

2 Im folgenden Text sind teilweise sehr lange Sätze. Markieren Sie (ohne sich um die anderen Fehler zu kümmern) die Stellen, an denen Sie einen neuen Satz beginnen würden.
Tipp: Kennzeichnen Sie auch die Stellen, an denen ein Absatz möglich wäre, weil ein neuer Gedanke aufgegriffen wird.

> Im Text wird die Problematik erklärt, wie die Sozialen Netzwerke unsere Kommunikation zerstören, weil wir uns nicht mehr richtig Unterhalten und nur noch über Netzwerke geschrieben wird, dadurch werden in eine Traumwelt geschleudert, wo wir Freunde haben die in der Nähe sind und wir eine gute Freundschaft führen mit viel nähe. Doch dies ist nicht der Fall, denn meistens kennen wir diese Personen nicht mal richtig. Und durch das ganze Schreiben können wir verlernen die Mimik und Gestik zu lesen.

3 Unterstreichen Sie alle Fehler in dem Satz und markieren Sie die Fehlertypen am Rande. Berücksichtigen Sie dabei nicht den Satzbau!

> Im Text wird die Problematik erklärt, wie die Sozialen Netzwerke unsere Kommunikation zerstören, weil wir uns nicht mehr richtig Unterhalten und nur noch über Netzwerke geschrieben wird, dadurch werden in eine Traumwelt geschleudert, wo wir Freunde haben die in der Nähe sind und wir eine gute Freundschaft führen mit viel nähe. Doch dies ist nicht der Fall, denn meistens kennen wir diese Personen nicht mal richtig. Und durch das ganze Schreiben können wir verlernen die Mimik und Gestik zu lesen.

4 Schreiben Sie den Text nun in einer korrigierten Version, die auch gedanklich schlüssig ist.
Tipp: Ergänzen Sie auch eigene Worte, um den Text nachvollziehbar zu machen!

NICHT ALLE SIND GLEICH – TEXTE UNTERSCHEIDEN

Nicht alle sind gleich – Texte unterscheiden

Sachtexte unterscheidet man nach:
- der Kommunikationsabsicht des Verfassers.

Es gibt drei Bereiche der Kommunikationsabsicht:
- informieren, mitteilen (informierende Texte),
- appellieren, auffordern (appellative Texte),
- ausdrücken der eigenen Meinung oder Position (expressive Texte).

(Siehe auch Seite 6 zur Funktion der Sprache)

Der Verfasser macht seine Kommunikationsabsicht deutlich durch:
- Sprache, Form, Inhalt.

Der Leser kann die Kommunikationsabsicht erkennen an:
- Sprache, Form und Inhalt,
- Quellenangaben, in welchem Zusammenhang der Text wann erschienen ist.

1 Lesen Sie die folgenden Textausschnitte und kreuzen Sie an, welche Kommunikationsabsicht überwiegt.

A	Aus Protest gegen die chinesische Herrschaft haben sich vier weitere Tibeter selbst angezündet. Mindestens drei von ihnen kamen ums Leben, berichteten exiltibetische Kreise.	☐ informieren ☐ appellieren ☐ ausdrücken
B	Was für ein Unsinn! Das ist doch das Schöne an Märchen, dass sie eben nicht zeitlos sind, sondern unsere Fantasie bewusst in andere Epochen mit ihrem zeittypischen Milieu reisen lassen.	☐ informieren ☐ appellieren ☐ ausdrücken
C	Zwei acht und neun Jahre alte Mädchen sind am Samstagvormittag in Berlin-Weißensee von einem Auto angefahren und dabei schwer verletzt worden.	☐ informieren ☐ appellieren ☐ ausdrücken
D	Danken wir unserer Bürgermeisterin dafür, dass sie Verantwortung übernommen hat. Danken wir, indem wir ihr unsere Stimme geben.	☐ informieren ☐ appellieren ☐ ausdrücken
E	Das klingt gut, riecht nach Aktivität, hilft aber nur bedingt.	☐ informieren ☐ appellieren ☐ ausdrücken

Die Quellenangabe als Hinweis auf die Kommunikationsabsicht eines Textes

Man unterscheidet informative, appellative und expressive Texte.
Welche Kommunikationsabsicht bei einem Text im Vordergrund steht, wird stark durch den Kontext bestimmt. Den Kontext eines Textes erkennt man an der Quellenangabe, d. h. an Informationen zum Erscheinungszusammenhang wie Zeitungsartikel, Kochbuch, politische Rede, Predigt, Leserbrief, Glosse, Kommentar, Unfallbericht usw.

NICHT ALLE SIND GLEICH – TEXTE UNTERSCHEIDEN

2 Im Folgenden finden Sie Erklärungen zu wichtigen Textsorten und ihrem Erscheinungszusammenhang. Ordnen Sie diese der jeweiligen Kommunikationsabsicht, die im Vordergrund steht, mit einem Pfeil zu.

Nachricht: Erscheint in Tageszeitungen und Online-Zeitungen. Der Leser soll über wichtige Ereignisse informiert werden. Der Verfasser wird oft nicht genannt oder nur mit einem Kürzel am Ende des Textes erwähnt.

Werbeanzeige: Erscheint in allen Formen von gedruckten Medien und online. Der Verfasser wird nie genannt. Werbung will zum Kaufen anregen.

Interview: Erscheint häufig in Tages- und Wochenzeitungen und Zeitschriften, auch in den Online-Ausgaben. Ein Fragesteller befragt eine Person zu ihren Meinungen/ Erfahrungen. Die Meinung des Interviewers steht dabei im Hintergrund. Das Interview will möglichst unverfälscht Wissen und Erfahrungen des Befragten darstellen.

Kommentar: Erscheint häufig in Tageszeitungen, auch online. Oft wird diese Textsorte am Anfang durch den Hinweis „Kommentar" kenntlich gemacht. Der Autor will seine Meinung zu einem Thema äußern. Der Name des Autors wird immer genannt.

Spendenaufruf: Erscheint in unterschiedlicher Form in Print- und Online-Medien. Hier wird oft nur mit einem Satz über eine Notlage informiert und zur Spende aufgerufen. Die Organisation, die zur Spende aufruft, wird genannt.

Kolumne: Hat in der Regel einen festen Platz in Zeitungen, Zeitschriften, auch online. Die Kolumne wird über einen langen Zeitraum immer von einer Person geschrieben. Diese drückt häufig überspitzt und ironisch ihre Meinung zu aktuellen Themen aus.

- informieren
- appellieren
- ausdrücken

NICHT ALLE SIND GLEICH – TEXTE UNTERSCHEIDEN

Die Nachricht – schnell und gut informieren

Aufbau einer Zeitungsnachricht
- **Schlagzeile** (Headline): soll Aufmerksamkeit des Betrachters wecken.
- **Untertitel** (wird nicht immer verwendet): soll die Schlagzeile inhaltlich ergänzen.
- **fettgedruckter Vorspann** (Lead): soll die wichtigsten Aussagen zusammenfassen.
- **Ausführlicher Nachrichtenteil** (Body): soll die Details darstellen.

1 Schreiben Sie in die rechte Spalte die Bezeichnung für den jeweiligen Aufbauteil der Nachricht.

Gedankenübertragung an den Computer

Geforscht wird an einer Technologie, die es erlaubt, Worte direkt aus dem Gehirn auf einen Bildschirm zu übertragen – ganz ohne Tastatur.

Magdeburg. Wörter auf einen Bildschirm schreiben, ohne Tastatur, ohne Stift, ohne Papier – nur dadurch, dass man an sie denkt.

Auf der SYNAPS-Konferenz in Magdeburg im Juni 2022 zeigten drei junge Forscher, dass Gedankenübertragung an den Computer heutzutage keine Science-Fiction mehr ist, sondern teilweise Realität. Es gibt allerdings noch Probleme: Es müssten einem Menschen zurzeit noch bohnengroße Elektroden ins Gehirn eingepflanzt werden. „Darauf hat wohl niemand wirklich Lust", sagt Magnus Prizler, Leiter des Forschungsteams, „und darum arbeiten wir an entsprechenden Elektroden, die man an den Kopf kleben kann."

Ist diese Technologie erst einmal entsprechend ausgereift, soll sie helfen, Sprachbarrieren zu überwinden und Schwerbehinderten die Kommunikation zu erleichtern.

2 Beantworten Sie die W-Fragen stichpunktartig, indem Sie die Informationen aus der Nachricht entsprechend zuordnen.

Was geschah?	
Wer war daran beteiligt?	
Wann fand es statt?	
Wo fand es statt?	
Warum fand es statt?	
Welche Folgen/ Ergebnisse hat das Ereignis?	

NICHT ALLE SIND GLEICH – TEXTE UNTERSCHEIDEN

3 Formulieren Sie aus den Informationen eine Nachricht mit allen Bestandteilen.
Tipp: Nachrichten werden in der Vergangenheitsform (Präteritum) geschrieben.

Was geschah?	Häftlinge brechen aus, um Wärter das Leben zu retten.
Wer war daran beteiligt?	mehrere Häftlinge, ein Wärter mit Herzinfarkt, andere Wärter.
Wann fand etwas statt?	10. Juli 2022
Wo geschah der Vorfall?	Texas, USA; Bezirksgerichts-Gebäude Weatherford, Arrestzelle mit mehreren Gefangenen.
Wie passierte es im Einzelnen?	Wärter erleidet Herzinfarkt und bricht vor Arrestzelle zusammen, Häftlinge bekommen dies mit und machen Krach, keiner kommt, Häftlinge brechen aus Zelle aus, helfen Wärter und alarmieren die anderen Wärter.
Warum geschah es?	Häftlinge wollen Wärter retten, können dünne Tür der Arrestzelle öffnen.
Welche Folgen/Ergebnisse hat der Vorfall?	Häftlinge – obwohl zum Teil Gewaltverbrecher – werden zu Helden, weil sie Wärter das Leben retten; kommen dabei selbst in Gefahr, weil die anderen Wärter das für einen Fluchtversuch halten und schießen können.

Schlagzeile (Headline)	
Vorspann (Lead)	
Nachrichtenteil (Body)	

NICHT ALLE SIND GLEICH – TEXTE UNTERSCHEIDEN

Der Unfallbericht

Aufbau eines Unfallberichtes
1. Ein Unfallbericht soll, wie eine Nachricht, informieren. Daher orientiert man sich an den W-Fragen.
2. Ein Unfallbericht sollte klar und verständlich sein und auf unwichtige Details verzichten.
3. Ein Unfallbericht wird in der Vergangenheit (Präteritum) geschrieben.
4. Was gesagt wurde, wird in indirekter Rede wiedergegeben.

1 Nummerieren Sie die einzelnen Teile des Unfallberichtes so, dass die Reihenfolge richtig wiedergegeben ist.

	Da mir nicht klar war, ob sie links oder rechts an mir vorbei fahren wollte, bremste ich und kam sofort zum Stehen.
	Ich verständigte daraufhin die Polizei und machte sofort Fotos von der Lage des Fahrrads der Unfallgegnerin.
	Sie raste auf mich zu ohne zu bremsen und stieß frontal mit mir zusammen. Durch den Zusammenprall fiel sie auf die Seite und blieb zunächst liegen.
	Etwa 150 m vor der Unterführung kam mir plötzlich eine Radfahrerin entgegen. Sie fuhr in Schlangenlinien und mit großer Geschwindigkeit auf mich zu.
	Am Sonntag, den 18.05.2022 fuhr ich gegen 14:35 Uhr mit meinem Fahrrad auf dem Fahrradweg der Landstraße von Bürsten nach Besen. Ich war kurz vor der Eisenbahnunterführung.
	Die Polizei traf wenige Minuten später ein und nahm den Unfall auf. Mein Fahrrad war vorn total verbogen und nicht mehr fahrtüchtig.
	Der Fahrradweg ist zwischen Bürsten und Besen in beide Richtungen zu befahren. In der Mitte des Radweges ist eine weiße Linie, die den Weg in Fahrspuren teilt. Ich fuhr auf der rechten Seite.
	Ich legte mein Fahrrad an die rechte Seite und wollte ihr beim Aufstehen helfen. Sie blutete an der Wade und im Gesicht. Sie lehnte die Hilfe ab, blieb liegen und fing an mich zu beschimpfen und sagte, ich sei direkt in sie hineingefahren und schuld am Unfall.

2 Beantworten Sie anhand des Unfallberichtes stichpunktartig die ausgewählten W-Fragen aus der Sicht der Person, die den Unfallbericht geschrieben hat.

Was geschah?	
Wer war daran beteiligt?	
Wann fand es statt?	
Wo geschah es?	
Wie passierte es im Einzelnen?	

NICHT ALLE SIND GLEICH – TEXTE UNTERSCHEIDEN

3 Verfassen Sie eine Schadensmeldung an Ihre Haftpflichtversicherung auf der Grundlage der folgenden Informationen. Nutzen Sie dazu das vorliegende Formular.

> Theodor Musil (wohnhaft in der Goethestraße 17 in 32111 Heine), versichert bei der Allesgut-Versicherung, Postfach 12345 in 67891 Schiller, schreibt die Schadensmeldung am 11.7.2022. Er hat beim Hausgrillfest in der Goethestraße 17 – am 9.7.2022 um 18:15 Uhr – mit vier Kindern aus der Nachbarschaft im Garten der Familie Fontane, die im gleichen Haus im Erdgeschoss links wohnt, Fußball gespielt. Dabei hat er einen Ball durch die geöffnete Terrassentür ins Wohnzimmer geschossen, sodass der Fernseher (Flachbildschirmfernseher, 81 cm) umgekippt und kaputt gegangen ist.

Theodor _____   11.7.2022

Goethe _____

32111 _____

Allesgut-Versicherung

Postfach _____

67891 _____

Haftpflichtschaden, Versicherungsnummer 17321819

Sehr geehrte Damen und Herren,

_____

_____

_____

_____

_____

_____

_____

_____

Ich bitte Sie, den Schaden so schnell wie möglich zu regulieren.

Mit _____

_____

NICHT ALLE SIND GLEICH – TEXTE UNTERSCHEIDEN

Die eigene Meinung zu etwas mitteilen – der Kommentar

Aufbau eines Kommentars
1. Einstieg: Das Thema des Kommentars wird angerissen.
2. Argumentation: Der Verfasser/die Verfasserin erklärt aus seiner/ihrer Sicht Zusammenhänge und Hintergründe und begründet seine/ihre Meinung.
3. Schlussfolgerung: Am Ende steht eine Kritik oder Empfehlung des Verfassers/der Verfasserin.

1 Schreiben Sie in die rechte Spalte, welchen Teil des Kommentars der Abschnitt bildet und begründen Sie Ihre Zuordnung.

Rettet die Kinderbücher vor der Sprachpolizei!
von Peter Hahne

Müssen Kinderbücher umgeschrieben werden? Gehören alte Ausgaben, die von Generation zu Generation weitergegeben werden, auf den Müll?

Aus Otfried Preußlers 1957 erschienenen und in 47 Sprachen übersetzten preisgekrönten Bestseller „Die kleine Hexe" soll jetzt die Fastnachtsszene gestrichen werden, in der sich die Kinder als „Negerlein, Türken mit weiten Pluderhosen, Hottentotten-Häuptlinge und Eskimofrauen" verkleiden. Und bei „Pipi Langstrumpf" wird der „Negerkönig" in „Südseekönig" umbenannt.

Es handelt sich um

weil

Der Räuber-Hotzenplotz-Verlag begründet das offiziell damit, die Bücher „dem sprachlichen und politischen Wandel anzupassen. Nur so bleiben sie zeitlos".

Was für ein Unsinn! Das ist doch das Schöne an Märchen, dass sie eben nicht zeitlos sind, sondern unsere Fantasie bewusst in andere Epochen mit ihrem zeittypischen Milieu reisen lassen.

Die Neusprecher-Jünger der politischen Korrektheit wollen uns das verbieten. Doch wo anfangen und wo aufhören? Warum sollte man aus Karl May die Indianer streichen, die Bleichgesichter aber nicht? Komischerweise kommt niemand auf die Idee, bei Grimms „Rotkäppchen" aus dem bösen Wolf eine böse Wölfin zu machen. Daran sieht man, wie absurd diese Moraldiktatur ist.

Auch Kinderbuchklassiker sind Kunst und Kultur. Sie zu korrigieren ist dumme Zensur, sie zu interpretieren intelligente Pflicht. Wer zu faul ist, Kindern beim Vorlesen die Zeitbezüge zu erklären, sollte sich schämen. Ich vertraue dem klärenden Gespräch der Eltern mehr als dem Rotstift intoleranter Tugendwächter.

Es handelt sich um

weil

Wer Texte umschreibt, um ihnen das Anstößige zu nehmen, macht aus ernsthafter Literatur gefälligen Schund.

Übrigens: Mark Twains „Tom Sawyer" müssten Sprachpolizisten schnellstens ganz aus dem Verkehr ziehen.

Denn darin kommt 219-mal das Wort Nigger vor.

(aus: www.bild.de, 13.1.2013)

Es handelt sich um

weil

NICHT ALLE SIND GLEICH – TEXTE UNTERSCHEIDEN

2 Ergänzen Sie die folgenden Lücken im Text.

> Kommentar • nicht mehr angeregt werde • sprachliche Modernisierung • eindeutig gegen die sprachliche Anpassung aus • Autor und Fernsehmoderator Peter Hahne • literarischer Qualität verlören • Klassikern • ganz vom Markt genommen

Der _____ schreibt in dem _____ „Rettet die Kinderbücher vor der Sprachpolizei" über die _____ von _____ der Kinder- und Jugendliteratur. Er spricht sich _____, weil dadurch die Fantasie _____ und die Werke an _____. Manche, wie „Tom Sawyer", müssten _____ werden, weil sie in der heutigen Zeit definitiv als rassistisch gelten würden.

3 Im Text sind sprachliche Mittel gelb markiert. Ordnen Sie diese den entsprechenden Fachbegriffen zu, indem Sie sie in das entsprechende Kästchen eintragen.

Rhetorische Frage: Scheinfrage, auf die keine Antwort erwartet wird, weil die Antwort auf der Hand liegt.	
Ausruf: Kurze Äußerung, die Meinung und Gemütszustand vermittelt und dazu dient, die eigene Meinung deutlich zu machen.	
Wortneuschöpfung: Die Bildung eines neuen Wortes, um etwas anschaulicher zu machen.	
Ironie: Eine Aussage, von der man weiß, dass das Gegenteil gemeint ist, und die deshalb eine Argumentation oder auch eine Person lächerlich machen soll.	
Synekdoche: Ein Begriff wird durch einen Ober-/Unterbegriff ersetzt. Ein Teil steht für das Ganze, um die Aussage zu verstärken.	

NICHT ALLE SIND GLEICH – TEXTE UNTERSCHEIDEN

Kommentar

Auszubildende sehen ihre Situation kritisch

Viel Nachholbedarf

von Mathias Bungeroth

Nie war es für gut ausgebildete Jugendliche so günstig, einen Arbeitsplatz mit Perspektive zu bekommen, wie gerade jetzt. Der Fachkräftemangel ist in aller Munde, vor allem der Mittelstand ist ständig auf der Suche nach qualifiziertem Nachwuchs. Dennoch bleiben bundesweit 41.000 Ausbildungsplätze unbesetzt. Das ist ein Alarmzeichen.

Denn die duale Berufsausbildung in Deutschland, um die uns viele andere Staaten beneiden, ist grundsätzlich ein Erfolgsmodell. Fast nirgendwo auf der Welt wird so praxisorientiert und eng verzahnt zwischen schulischer und betrieblicher Ausbildung auf das Erwerbsleben vorbereitet wie in diesem Modell.

Doch mangels ausreichend hoher Bewerberzahlen haben sogar rund 8.200 Kleinstbetriebe ihre Ausbildungsangebote ganz eingestellt, wie der Berufsbildungsbericht ebenfalls belegt. Die Vielfalt in der dualen Ausbildung steht in dieser Hinsicht auf der Kippe.

Was strukturell sonst noch im Argen liegt, listet der aktuelle Azubi-Report der Gütersloher Medienfabrik auf, der sich auf eine repräsentative Umfrage unter Auszubildenden beruft. Wenn mehr als 70 Prozent der Azubis bemängeln, dass sie von ihrem Entgelt nicht leben können, ist dies keine gute Voraussetzung, im Wettbewerb der Ausbildungsgänge den Ausschlag für das duale Modell zu geben.

Dabei beweist gerade die Region Ostwestfalen-Lippe, dass sie Jugendliche im Rahmen der dualen Berufsausbildung hervorragend auf eine erfolgreiche Karriere vorbereiten kann. Doch auch der Start hierfür muss attraktiver sein.

(aus: Neue Westfälische, 7./8. Mai 2016)

4 Erklären Sie die folgenden Begriffe/Aussagen.

- A in aller Munde
- B der Mittelstand
- C Erwerbsleben
- D eng verzahnt
- E steht auf der Kippe
- F Entgelt
- G repräsentative Umfrage
- H duale Ausbildung
- I im Argen liegen

NICHT ALLE SIND GLEICH – TEXTE UNTERSCHEIDEN

5 Kreuzen Sie die Aussagen an, die Inhalte des Kommentars korrekt wiedergeben.

A Etwa 8.200 Kleinstbetriebe bilden mangels Bewerber nicht mehr aus. Das ist ein Problem für die duale Ausbildung in Deutschland, weil dadurch die Vielfalt der Ausbildungsberufe gefährdet ist.

B Der Mittelstand sucht nicht weiter nach Fachkräften, weil diese nicht qualifiziert genug sind.

C Die duale Ausbildung in Deutschland bildet nicht praxisorientiert aus und es gibt keine enge Verzahnung zwischen der schulischen und der beruflichen Ausbildung.

D Der Start in die duale Ausbildung ist nicht attraktiv, weil 70 % der Auszubildenden nicht von ihrem Lohn leben können.

E Die duale Ausbildung in Deutschland bereitet bestens auf das Berufsleben vor und muss deshalb attraktiv und vielfältig bleiben.

F Etwa 8.200 Kleinstbetriebe bilden nicht mehr aus, weil das Gehalt so niedrig und die Ansprüche an die Auszubildenden so hoch sind, dass sie keine Bewerber finden.

G Bundesweit bleiben 41.000 Ausbildungsstellen unbesetzt, weil die Berufe unbekannt oder unattraktiv sind.

6 Formulieren Sie Ihre eigene Meinung zu der folgenden Aussage.

> Rund ein Drittel der Azubis klagt über steigenden Druck: Am Arbeitsplatz würden immer mehr Flexibilität, Multitasking und Engagement gefordert – oft ohne Wertschätzung von Vorgesetzten. Auch über hohe körperliche Belastung klagen viele (18,4 %), noch mehr aber über zu wenig Freizeit (60,5 %).
>
> *(aus: Neue Westfälische, 7./8.5.2016 – Leitartikel „Azubis beklagen Arbeitsdruck und schlechte Bezahlung".)*

NICHT ALLE SIND GLEICH – TEXTE UNTERSCHEIDEN

Werbung

> **Werbung**
> - soll den Empfänger beeinflussen etwas zu kaufen,
> - soll einprägsam und schnell erfassbar sein,
> - soll dem Empfänger vermitteln, dass er selbst diesen Wunsch verspürt und nicht beeinflusst wird.
>
> Um zu verstehen, wie Werbung wirkt, muss man sie sehr genau betrachten.

1 Beschreiben Sie das Werbeplakat. Nutzen Sie auch die Wörter im Kasten.

Wasabi da nur bestellt?!
Uschi, das ist Sushi: Fisch auf den Tisch bei 10.000 Lieferdiensten bestellen.

Lieferando.de als App für Android & iPhone
Lieferando.de

---

roter Hintergrund; großer, viereckiger, weißer Teller; appetitlich hergerichtete Sushi-Happen; Kontrast zwischen rotem Hintergrund und weißem Teller; Überschrift fällt durch Schreibung ins Auge; Wortspiel: scharfer asiatischer Meerrettich, geschrieben wie gesprochen; Name unten rechts: „Lieferando" erinnert an „Zalando".

NICHT ALLE SIND GLEICH – TEXTE UNTERSCHEIDEN

> **Werbung hat ein Grundmuster: AIDA**
> A – Attention (Aufmerksamkeit): Aufmerksamkeit erregen, Gefühle ansprechen
> I – Interest (Interesse): Interesse wecken
> D – Desire (Wunsch): Wünsche und Bedürfnisse hervorrufen
> A – Action (Handlung): Handlung hervorrufen: Empfänger soll Produkt kaufen

2 Beantworten Sie die folgenden Fragen zu dem Werbeplakat.
  a) Wodurch wird die Aufmerksamkeit geweckt?

  b) Wodurch wird das Interesse geweckt?

  c) Welche Bedürfnisse/Wünsche werden geweckt?

  d) Wie bringt diese Werbung den Empfänger dazu, das Produkt zu kaufen?

3 Arbeiten Sie heraus, wie es gelingen soll, dass der Eindruck entsteht, es sei einfach und „hipp", sich ein solches Essen zu bestellen.
  Tipp: Was vermittelt das Sushi-Gericht? Was vermittelt der Firmenname?

NICHT ALLE SIND GLEICH – TEXTE UNTERSCHEIDEN

Erkennen und anwenden – sprachliche Auffälligkeiten

> **Sprachliche Mittel**
> - sind sprachliche Auffälligkeiten,
> - sollen beim Leser eine besondere Wirkung erzielen,
> - verstärken/verdeutlichen die Aussage.

1 Sprachliche Auffälligkeiten in Texten erkennen:
a) Ordnen Sie das sprachliche Mittel mit einem Pfeil der Wirkung auf den Leser zu.

sprachliches Mittel	Wirkung auf den Leser
Neologismus: Wortneuschöpfung.	Die Wiederholung soll das Gesagte verstärken.
Anapher: Wörter oder Wortgruppen werden an Satzanfängen wiederholt.	Die Auslassung soll eine Gefühlssteigerung erreichen. Damit soll Spontaneität zum Ausdruck gebracht werden.
Ellipse: Ein oder mehrere Wörter werden ausgelassen, sind aber durch den Gesamtsinn jederzeit zu ergänzen.	Eine Scheinfrage soll die Eindringlichkeit einer Aussage verstärken.
Metapher: Bestimmte Eigenschaften von etwas werden bildhaft auf etwas Anderes übertragen.	Wenn zwei Begriffe, die sich gegenseitig ausschließen, miteinander in Verbindung gebracht werden, dann soll das den Widerspruch besonders deutlich machen.
Antithese: Gegensätzliche Gedanken und Begriffe werden miteinander kombiniert.	Die Übertragung macht eine Aussage anschaulicher, lebendiger und deutlicher. Fantasie und Vorstellungskraft werden angesprochen.
Rhetorische Frage: Eine Scheinfrage, bei der alle schon die Antwort wissen.	Die Neuschöpfung soll kreativ und/oder individuell wirken.
Oxymoron: Zwei Wörter, die sich gegenseitig ausschließen, werden miteinander verbunden.	Mit der Kombination des Gegensätzlichen soll ein Zwiespalt, eine innere Zerrissenheit oder auch eine Spannung verdeutlicht werden.

NICHT ALLE SIND GLEICH – TEXTE UNTERSCHEIDEN

b) Schreiben Sie in die rechte Spalte, um welches sprachliche Mittel es sich handelt sowie stichpunktartig eine Begründung für die Zuordnung.

Fortysomething-Mütter	
berufsjugendliche Latte-macchiato-Eltern	
Die Kinder von heute werden unterfordert und überschätzt.	
Fortysomething-Mütter tragen bauchfrei.	
Wir werden nicht älter, sondern bleiben immer länger jung.	
Alle werden jünger, nur Kinder nicht.	
In Fitness-Studios kämpfen juvenile Rentner gegen den Verfall.	
Für immer jung, für immer schön, für immer gesund, für immer gut drauf.	
Wie sollen Kinder da lernen, dass alles im Leben seine Zeit hat, dass es Probleme im Leben gibt, es im Leben nicht immer glatt läuft?	

Deutsch Werkzeug Sprache ISBN 978-3-582-48040-8

NICHT ALLE SIND GLEICH – TEXTE UNTERSCHEIDEN

Novelle, Kurzgeschichte, Märchen – kurze Erzählungen

Merkmale einer Kurzgeschichte
- Der Inhalt behandelt oft Alltagssituationen.
- Die Handlung wirkt wie ein Ausschnitt aus einem Geschehen.
- Der Anfang setzt unvermittelt ein, das Ende bleibt offen.
- Die Handlungsträger sind einfache Menschen, oft Außenseiter der Gesellschaft.
- Die Sprache ist häufig einfach und schmucklos, mit kurzen Sätzen und Formulierungen, die eng an der Alltagssprache orientiert sind. Wiederholungen von bestimmten Sätzen, Satzteilen und/oder Motiven haben eine Bedeutung.
- Der Aufbau ist zielgerichtet, läuft auf einen Höhepunkt/Wendepunkt hin, die Figuren tun an diesem Punkt etwas Entscheidendes, aber das Ende bleibt in der Regel offen.
- Die Personen haben häufig keine Namen.
- Ort und Zeit werden, wie im Theater, kurz durch die Kulisse skizziert, ohne aber genauer beschrieben zu werden.
- Umweltschilderungen, Gegenstände sowie Tiere haben oft eine symbolische Bedeutung.

1 Lesen Sie die Kurzgeschichte und schreiben Sie in die rechte Spalte, welches Merkmal durch die markierten Textteile jeweils umgesetzt wird.

Kurt Marti: **Happy End**

Sie umarmen sich, und alles ist wieder gut. Das Wort ENDE flimmert über ihrem Kuss. Das Kino ist aus.

Zornig schiebt er sich zum Ausgang, seine Frau bleibt im Gedrängel hilflos stecken, weit hinter ihm. Er tritt auf die Straße, bleibt aber nicht stehen und geht, ohne sie abzuwarten, geht voll Zorn, und die Nacht ist dunkel.

Atemlos, mit kleinen, verzweifelten Schritten holt sie ihn ein, er geht und sie holt ihn wieder ein und keucht.

Eine Schande, sagt er im Gehen, eine Affenschande, wie du geheult hast. Mich nimmt nur wunder[3] warum, sagt er. Sie keucht. Ich hasse diese Heulerei, sagt er, ich hasse das. Sie keucht noch immer. Schweigend geht er und voller Wut, so eine Gans, denkt er, und wie sie nun keucht in ihrem Fett.

Ich kann doch nichts dafür, sagt sie endlich, ich kann wahrhaftig nichts dafür, es war so schön, und wenn's schön ist, muss ich halt heulen. Schön, sagt er, dieser elende Mist, dieses Liebesgewinsel, das nennst du schön, dir ist ja nun wirklich nicht mehr zu helfen.

Sie schweigt und geht und keucht. Was für ein Klotz, denkt sie, was für ein Klotz.

(aus: Kurt Marti: Dorfgeschichten. Darmstadt; Neuwied: Luchterhand 1983, S. 20)

Handlung setzt unvermittelt ein

[3] Ich wundere mich, warum

NICHT ALLE SIND GLEICH – TEXTE UNTERSCHEIDEN

> **Analyse einer Kurzgeschichte**
> 1. Einleitung: Textart, Titel, Autor, Quelle, Thema/Problem
> 2. Hauptteil: Kurze Inhaltsangabe, Analyse unter Berücksichtigung der Fragestellung; mögliche Aspekte: Erzählstruktur, Aufbau, Zeitgestaltung, Symbolik der Orte und Räume, Personenkonstellation, sprachliche Gestaltung, Aussageabsicht und ihre Wirkung.
> 3. Schluss: Zusammenfassung der Analyseergebnisse und Schlussfolgerung, ggf. Stellungnahme und Bezug zu eigenen Erfahrungen.

2 Lesen Sie die Kurzgeschichte „Streuselschnecke" von Julia Franck.

Der Anruf kam, als ich vierzehn war. Ich wohnte seit einem Jahr nicht mehr bei meiner Mutter und meiner Schwester, sondern bei Freunden in Berlin. Eine fremde Stimme meldete sich, der Mann nannte seinen Namen, sagte mir, er lebe in Berlin, und fragte, ob ich ihn kennenlernen wolle. Ich zögerte, ich war mir nicht sicher. Zwar hatte ich schon viel über solche Treffen gehört, und mir oft
5 vorgestellt, wie so etwas wäre, aber als es soweit war, empfand ich eher Unbehagen.

Wir verabredeten uns. Er trug Jeans, Jacke und Hose. Ich hatte mich geschminkt. Er führte mich ins Café Richter am Hindemithplatz und wir gingen ins Kino, ein Film von Rohmer. Unsympathisch war er nicht, eher schüchtern. Er nahm mich mit ins Restaurant und stellte mich seinen Freunden vor. Ein feines, ironisches Lächeln zog er zwischen sich und die anderen Menschen. Ich ahnte, was das
10 Lächeln verriet. Einige Male durfte ich ihn bei seiner Arbeit besuchen. Er schrieb Drehbücher und führte Regie bei Filmen.

Ich fragte mich, ob er mir Geld geben würde, wenn wir uns treffen, aber er gab mir keins, und ich traute mich nicht, danach zu fragen. Schlimm war das nicht, schließlich kannte ich ihn kaum, was
15 sollte ich da schon verlangen? Außerdem konnte ich für mich selbst sorgen, ich ging zur Schule und putzte und arbeitete als Kindermädchen. Bald würde ich alt genug sein, um als Kellnerin zu arbeiten, und vielleicht würde ja auch eines Tages etwas Richtiges aus mir.

Zwei Jahre später, der Mann und ich waren uns immer noch etwas fremd, sagte er mir, er sei krank. Er starb ein Jahr lang, ich besuchte ihn im Krankenhaus und fragte, was er sich wünsche. Er sagte mir, er
20 habe Angst vor dem Tod und wolle es so schnell wie möglich hinter sich bringen. Er fragte mich, ob ich ihm Morphium besorgen könne. Ich dachte nach, ich hatte einige Freunde, die Drogen nahmen, aber keinen, der sich mit Morphium auskannte. Auch war ich mir nicht sicher, ob die im Krankenhaus herausfinden wollten und würden, woher es kam.

25 Ich vergaß seine Bitte. Manchmal brachte ich ihm Blumen. Er fragte nach dem Morphium und ich fragte ihn, ob er sich Kuchen wünsche, schließlich wusste ich, wie gern er Torten aß. Er sagte, die einfachen Dinge seien ihm jetzt die liebsten – er wolle nur Streuselschnecken, nichts sonst. Ich ging nach Hause und buk Streuselschnecken, zwei Bleche voll. Sie waren noch warm, als ich sie ins Krankenhaus brachte. Er sagte, er hätte gern mit mir gelebt, es zumindest gerne versucht, er habe
30 immer gedacht, dafür sei noch Zeit, eines Tages – aber jetzt sei es zu spät. Kurz nach meinem siebzehnten Geburtstag war er tot. Meine kleine Schwester kam nach Berlin, wir gingen gemeinsam zur Beerdigung. […]

3 a) Notieren Sie Ihre ersten Eindrücke zu der Kurzgeschichte.

NICHT ALLE SIND GLEICH – TEXTE UNTERSCHEIDEN

3 b) Die letzten Zeilen der Kurzgeschichte lauten: *„Meine Mutter kam nicht. Ich nehme an, sie war mit anderem beschäftigt, außerdem hatte sie meinen Vater zu wenig gekannt und nicht geliebt."*
Was sagen diese letzten Zeilen über das Verhältnis der Erzählerin zu ihrer Mutter aus?

4 Ihr Arbeitsauftrag zu dieser Kurzgeschichte lautet: Analysieren Sie die vorliegende Kurzgeschichte „Streuselschnecke" von Julia Franck aus dem Jahr 2000. Arbeiten Sie dabei insbesondere die Erzählstruktur und ihre Wirkung auf den Leser heraus.

Erarbeiten Sie die Analyse mit folgenden Arbeitsschritten:
a) Sammeln Sie die Informationen, die Sie für die Einleitung brauchen, indem Sie die richtigen Angaben in die rechte Spalte der Tabelle schreiben.

Autorin	
Titel	
Textart	
Erscheinungsjahr	

b) Kreuzen Sie an, um welches Thema/Problem es in der Kurzgeschichte geht.
- ☐ Darstellung einer tragischen Liebesbeziehung im Rückblick
- ☐ Thematisierung der Beziehungen innerhalb einer Familie
- ☐ Darstellung der sich langsam entwickelnden Beziehung zwischen Vater und Tochter aus Sicht der Tochter

c) Formulieren Sie die Einleitung der Analyse.

d) Beantworten Sie die folgenden Fragen, indem Sie die jeweilige Antwort stichpunktartig in die rechte Spalte der Tabelle schreiben und eine Zeilenangabe machen, wo die Information im Text steht.

Über welchen Zeitraum findet das Geschehen statt?	
Wo findet das Geschehen statt?	
Welche Personen kommen vor?	

NICHT ALLE SIND GLEICH – TEXTE UNTERSCHEIDEN

Welche Personen stehen im Mittelpunkt?	
Was erfahren Sie über die Lebenssituation der Ich-Erzählerin?	
Was erfahren Sie über die Lebenssituation des Vaters?	
Was passiert zwischen den beiden Personen?	

e) Formulieren Sie eine kurze Inhaltsangabe. Greifen Sie dabei auf Ihre Notizen aus Aufgabe d) zurück.

NICHT ALLE SIND GLEICH – TEXTE UNTERSCHEIDEN

f) Arbeiten Sie die Erzählstruktur heraus, indem Sie die Antworten auf die Fragen in die rechte Spalte schreiben.

Welche Erzählperspektive wird gewählt?	
Wie wirkt diese Erzählperspektive?	
Wie wirkt die Ich-Erzählerin?	
Welche Merkmale dieser Kurzgeschichte sind ungewöhnlich für eine klassische Kurzgeschichte?	
Am Anfang der Kurzgeschichte ist unklar, wer dieser Mann ist, der mit ihr Kontakt aufnimmt. Es könnte auch jemand sein, den sie in einem sozialen Netzwerk kennengelernt hat. Wodurch entsteht der Eindruck, dass die beiden möglicherweise eher eine Paarbeziehung beginnen wollen?	
Wodurch wird dieser Eindruck, dass es sich um eine nicht näher beschriebene Beziehung zwischen einem sehr jungen Mädchen und einem älteren Mann handeln könnte, im weiteren Verlauf der Geschichte aufrechterhalten?	

NICHT ALLE SIND GLEICH – TEXTE UNTERSCHEIDEN

g) Beantworten Sie die folgenden Fragen, um die Deutung der Kurzgeschichte zu erarbeiten.

Welche Phasen der Beziehung zwischen Vater und Tochter werden beschrieben?	
Welche Merkmale kennzeichnen das Verhalten des Vaters in Bezug auf das Verhältnis zu seiner Tochter?	
Welchen Bezug sehen Sie zwischen Titel und Inhalt der Kurzgeschichte?	

TEXTE VERFASSEN

Die Inhaltsangabe

> **Inhaltswiedergabe bei informativen Sachtexten**
> Informative Texte lassen sich mit folgenden Fragen strukturieren:
> - Welches Thema/Problem?
> - Was sind die wichtigsten Informationen dazu?
> - Woher stammen diese Informationen?
> - Welche Konsequenzen ergeben sich daraus?

1 Lesen Sie die Überschrift des Textes. Um welches Thema/Problem geht es vermutlich in dem Text?

2 Lesen Sie den letzten Abschnitt. Welche der folgenden Aussagen ist richtig?

A Weil mehr Wohnungen das Ziel sind, muss mit einer Hochhauslawine gerechnet werden.

B Die Stadt wird ganz anders aussehen, weil es nur noch Hochhäuser geben wird.

C Es wird mehr Hochhäuser geben, aber zur Verbesserung der Wohnqualität gehören auch mehr Grün- und Freiflächen.

150.000 neue Wohnungen!
Hamburg holt den Bagger raus

von Mike Schlink

Hamburg wächst – das gilt auch für die Bevölkerung. Immer mehr Menschen ziehen an die Elbe. Und jeder möchte natürlich eine Wohnung. Darauf reagiert nun Stadtentwicklungssenatorin Dorothee Stapelfeldt. Sie kündigt an, den Wohnungsbau in Hamburg nahezu zu verdoppeln!

„In den vergangenen Jahren haben wir uns mit Erfolg 6.000 Baugenehmigungen pro Jahr als Marke gesetzt, davon 2.000 sozial geförderte Wohnungen", so die Senatorin im Rahmen der Fachkonferenz „Wohnen in Hamburg 2030". Künftig betrage das Ziel jährlich 10.000 Baugenehmigungen – davon 3.000 geförderte Wohnungen. Und: die Flüchtlingsunterkünfte mit Perspektive Wohnen entstehen zusätzlich, sind in den Zahlen nicht mit inbegriffen.

Mit der neuen Wohnungs-Offensive reagiert Stapelfeldt auf den Netto-Bevölkerungszuwachs. In naher Vergangenheit kamen pro Jahr zwischen 12.000 und 16.000 Menschen in die Elbmetropole – unabhängig des Flüchtlingsstroms. Schätzungen des Statistischen Bundesamtes gehen von einem Zuwachs der Hamburger Bevölkerung um 103.000 Menschen bis zum Jahr 2030 aus – das entspricht hochgerechnet einem Zuwachs von 70.000 Haushalten!

Realisieren will der Senat all die Wohnungen auf unterschiedlichen Wegen. Unter dem Motto „Mehr Stadt in der Stadt" sollen Baulücken in bestehenden Quartieren geschlossen und so die Verdichtung erhöht werden. Dazu gehöre auch, künftig höher und vielgeschossiger zu bauen, so Stapelfeldt. Der Plan: Was bislang drei- oder viergeschossig gebaut wurde, wird künftig sieben- bis achtgeschossig. „Wir orientieren uns an der Kulisse der Gründerzeit", so Stapelfeldt. „Das große Bevölkerungswachstum erfordert es aber ebenfalls, anders als in den vergangenen Jahren über Stadterweiterung nachzudenken. Verdichtung allein reicht nicht." […]

„Natürlich wird das das Gesicht der Stadt verändern", sagt ein Sprecher der Stadtentwicklungsbehörde. „Aber diese Pläne sind alternativlos." Es müsse sich jedoch niemand vor einer Hochhaus-Lawine fürchten. „Mehr Wohnungen sind das eine große Ziel. Die Verbesserung der Wohnqualität, der Grün- und Freiflächen sowie der sozialen und kulturellen Einrichtungen gehört aber gleichermaßen dazu", betont Stapelfeldt.

(aus: www.mopo.de (Hamburger Morgenpost), 26.04.2016)

TEXTE VERFASSEN

3 Lesen Sie den gesamten Artikel und tragen Sie die Antworten auf die Fragen stichpunktartig in die rechte Spalte ein.

Wer ist Autor des Textes?	
Wie lautet der Titel?	
Wo und wann ist der Text erschienen?	
Was möchte der Text tun? (informieren, aufrufen, …)	
Um welches Thema/Problem geht es?	
Wie ist das Thema/Problem entstanden?	
Was sind die wichtigsten Aussagen zu diesem Thema/Problem, damit es gelöst werden kann?	
Wie kommt der Autor zu diesen Aussagen/Wie werden diese Aussagen begründet?	

4 Formulieren Sie mithilfe Ihrer Ergebnisse in der rechten Spalte eine Inhaltsangabe.

Einleitung:

Inhaltswiedergabe:

Deutsch Werkzeug Sprache ISBN 978-3-582-48040-8

TEXTE VERFASSEN

Inhaltswiedergabe bei expressiven Sachtexten
Expressive Sachtexte lassen sich mit folgenden Fragen strukturieren:
- Um welches Thema geht es?
- Gibt es sprachliche Besonderheiten wie Ironie, Wortspiele, ungewöhnliche Vergleiche?
- Welchen Standpunkt vertritt der Autor?
- Wie wird dieser Standpunkt deutlich gemacht?

Wir.Rügen.Spanien.

Mach es wie die Truppe: Welcher Slogan wem Erfolg verspricht.

Wir. Dienen. Deutschland. So lautet der Slogan, mit dem die Bundeswehr seit nunmehr drei Jahren für sich selbst und ihren Nachwuchs wirbt. Von besonderer Bedeutung, das haben überbezahlte Werbefuzzis einst nicht unpfiffig erkannt, sind dabei die drei Punkte. Zum einen weil sie Subjekt. Prädikat. Objekt. trennen und *Wir. Dienen. Deutschland.* dadurch Entschlossen. Kernig. Willens-

5 stark. klingt. Und zum anderen, weil sich so jedem Teil von *Wir. Dienen. Deutschland.* eine soldatische Tugend zuschreiben lässt: Geschlossenheit. Gehorsam. Vaterlandsliebe.

Uns. Überzeugt. Das.

Und zwar so sehr, dass wir anderen Berufsgruppen Werbung nach Art der Bundeswehr empfehlen. Konditoren könnten fortan mit *Wir. Backen. Franzbrötchen.* werben, Finanzberater mit *Wir.*

10 *Verarschen. Leute.*, Hotelbesitzer an der Ostsee mit *Wir. Rügen. Spanien.* […]

(Quelle: Dausend, Peter: Wir.Rügen.Spanien. In: „Die Zeit", Nr. 14/2014, Zeitverlag Gerd Bucerius GmbH & Co.KG, Hamburg 27.3.2014)

1 Schreiben Sie eine Inhaltsangabe des Textes „Wir.Rügen.Spanien.", indem Sie die folgenden Arbeitsaufträge erledigen:

a) Lesen Sie die Überschrift und kreuzen Sie die richtigen Aussagen zur Überschrift an.

   Die Überschrift enthält einen vollständigen Aussagesatz.

   Jedes Wort der Überschrift ist vom nächsten durch einen Punkt getrennt.

b) Kreuzen Sie an, welche Bedeutung der folgende Satz hat: *Wir rügen Spanien.*

   Wir, d. h. die Insel Rügen, sind ein ebenso attraktives Urlaubsziel wie Spanien.

   Wir ermahnen Spanien.

c) Vervollständigen Sie den folgenden Satz.

   Die Insel Rügen und das Land Spanien haben gemeinsam, dass

TEXTE VERFASSEN

d) Lesen Sie den folgenden Satz, der auch im Fettdruck unter der Überschrift des Textes steht, und erklären Sie die beiden unterstrichenen Worte.

Mach es wie die Truppe: Welcher Slogan wem Erfolg verspricht.

Mit „Truppe" wird bezeichnet:

„Slogan" ist die englische Bezeichnung für:

e) Lesen Sie den gesamten Text und zitieren Sie zwei Stellen aus ihm, die deutlich der Umgangssprache zuzuordnen sind.

f) Kreuzen Sie an, welche Aussage zum Text korrekt ist.

Durch die sachliche Sprache wird deutlich, dass der Autor über die gelungene Werbekampagne der Bundeswehr informieren möchte.

Der Autor appelliert an die deutschen Urlauber häufiger nach Rügen zu fahren.

Aus den stark wertenden, eher umgangssprachlichen Äußerungen lässt sich ablesen, dass der Autor hier seine Meinung zu einem Thema äußert.

g) Notieren Sie aus dem Text die Textstellen, in denen drei Wörter jeweils durch einen Punkt getrennt sind und auf die jeweils die Aussage in der rechten Spalte zutrifft.

Wir.	Rügen.	Spanien.	Überschrift des Textes.
			Werbeslogan der Bundeswehr
			Satzstruktur des Werbeslogans
			soldatische Tugenden, die mit den drei Schlagworten des Bundeswehrwerbeslogans assoziiert werden
			ironische Übernahme der Gestaltung des Werbeslogans der Bundeswehr
			Überschrift des Artikels und Werbeslogan für Hoteliers an der Ostsee

TEXTE VERFASSEN

h) Füllen Sie auf der Grundlage Ihrer Arbeitsergebnisse die Tabelle in Stichworten aus.

Einleitender Satz: • Titel • Autor • Quellenangabe	
Thema	
sprachliche Besonderheiten	
Welchen Standpunkt vertritt der Autor?	
Wie wird dieser Standpunkt deutlich?	

TEXTE VERFASSEN

i) Formulieren Sie mithilfe Ihrer Ergebnisse in der Tabelle eine Inhaltsangabe.

j) Formulieren Sie Ihre eigene Meinung.

Ich gebe dem Autor Recht, weil

Ich vertrete eine andere Position als der Autor, mit gefällt der Slogan der Bundeswehr, weil

TEXTE VERFASSEN

Die freie Erörterung

Vorbereitende Schritte für eine freie Erörterung
1. Pro- und Kontra-These festlegen.
2. Recherchieren und Argumente für beide Seiten in einer Tabelle sammeln.
3. Argumente nach Wichtigkeit nummerieren.
4. Für jedes Argument einen Beleg und ein Beispiel formulieren.
5. Eigenen Standpunkt entwickeln und begründen.
6. Einen Schreibplan anfertigen.

1 Lesen Sie den folgenden Arbeitsauftrag und formulieren Sie die Pro- und die Kontra-These.

Arbeitsauftrag: Erörtern Sie die Frage „Führt das Internet zu größerem Erfolg in der Schule?".
Die Pro-These lautet:

Die Kontra-These lautet:

2 a) Beginnen Sie mit der Recherche bei Ihrer eigenen Internetnutzung und füllen Sie den folgenden Fragebogen aus, denn Sie können daraus Beispiele für Ihre Argumentation ableiten.

Frage	Antwort	
1 Wie viele Minuten am Tag sind Sie am PC oder mit dem Handy im Internet bzw. online?		
2 Wie viele Minuten davon nutzen Sie, um Kontakte über soziale Medien zu pflegen?		
3 Wie häufig unterbrechen Sie Ihre Tätigkeit, um auf Ihrem Handy Neuigkeiten von Freunden anzuschauen?	im Unterricht	bei den Hausaufgaben/ beim Lernen
4 Wie viele Minuten pro Tag nutzen Sie das Internet, um sich Informationen für die Schule zu beschaffen?		
5 Wie viele Minuten pro Tag nutzen Sie das Internet, um Spiele zu spielen?		
6 Haben Sie selbst manchmal den Eindruck, dass Ihr Internet-Konsum dem Schulerfolg schadet? (Bei „Ja" Antwort begründen!)	Nein Ja, weil	

TEXTE VERFASSEN

7	Haben Sie selbst manchmal den Eindruck, dass Ihr Internet-Konsum dem Schulerfolg nützt? (Bei „Ja" Antwort begründen!)	Nein
		Ja, weil

b) Im Folgenden finden Sie Informationen zu der Frage „Führt das Internet zu größerem Erfolg in der Schule?". Halten Sie in der rechten Spalte fest, ob die Information unter den einzelnen Aufzählungspunkten der Pro- oder Kontra-Seite dient.

	Pro/Kon
Ergebnisse der JIM-Studie (Jugend, Information, (Multi-) Media): 1.200 Jugendliche wurden in Deutschland im Alter zwischen 12 und 19 Jahren zu ihrem Medienverhalten befragt. Jugendliche verbringen durchschnittlich 179 Minuten täglich (Mo–Fr) online. • 81 % der Schüler finden es sehr wichtig bzw. wichtig zu Hause Computer und Internet für die Schule zu haben. Schüler zwischen 12 und 19 Jahren nutzen den PC sowie das Internet durchschnittlich 48 Minuten pro Tag (Mo-Fr), um zu Hause etwas für die Schule zu machen, 18- bis 19-jährige Schüler nutzen den PC mehr als eine Stunde pro Tag (68 Min.) für die Schule.[1]	
• Jungen verbringen knapp eine Stunde mehr am Tag vor dem PC als Mädchen und spielen in dieser Zeit überwiegend Onlinespiele. Das hat Folgen für den Schulerfolg. Eine Gymnasialempfehlung bekommt inzwischen nur noch ein Drittel der Jungen, bei den Mädchen sind es dagegen 41 %. Sogar zwei Drittel der Sitzenbleiber und Schulabbrecher sind Jungen. • Ungünstige Effekte von Bildschirmkonsum auf die Gedächtnisleistung: Fernsehen oder Videospielen direkt nach der Schule („zur Entspannung") überschreibt einen Teil der Inhalte im Kurzzeitgedächtnis, also das während des Schultags Gelernte. • Die wichtigste Lernphase des menschlichen Gehirns ist die erste Schlafphase, hier sortiert das Gehirn unwichtige Daten aus und speichert wichtige im Mittel- und Langzeitgedächtnis. Wichtig ist, was mit hoher Emotionalität besetzt ist. Deshalb verdrängen Videospiele oder auch spannende Filme vergleichsweise unspektakuläre Lerninhalte wie Englischvokabeln oder Matheformeln aus dem Gedächtnis, insbesondere wenn man sich nach dem Lernen und vor dem Zubettgehen damit beschäftigt.[2]	
Ergebnisse des Kongresses „Hätte Kant im Internet gesurft?" (Friedrich Ebertstiftung 2011). • Internet bietet die Möglichkeit, immer umfassend informiert zu sein und auf unterschiedliche Quellen zurückgreifen und sie kritisch miteinander vergleichen zu können. • Ohne Medienkompetenz kann man in der Arbeitswelt nicht bestehen. Fast alle Berufe und auch das Studium verlangen in dem Bereich hohe Kompetenzen und deshalb muss man sie früh erwerben. • Schüler brauchen für ihren Schulerfolg einen Computer mit Internet und ein internetfähiges Handy, damit sie im Unterricht den kompetenten und kritischen Umgang mit dem Internet einüben, um später entscheiden zu können, wann und wie sie online sind.	Fazit

[1] Nach: Jim-studie: Jugendliche täglich 3 Stunden im Netz, 10.10.2016

[2] Aus: Online-Artikel: *Jungen, Videospiele und Schulerfolg,* veröffentlicht am 8. Juli 2015 von Günter Steppich (Beauftragter für Jugendmedienschutz, Gutenbergschule Wiesbaden, IT-Fachberater für Jugendmedienschutz am Staatlichen Schulamt für Wiesbaden und den Rheingau-Taunus-Kreis

TEXTE VERFASSEN

3 Ordnen Sie die von Ihnen bereits gekennzeichneten Pro- und Kontra-Informationen in Aufgabe 2b) nach Wichtigkeit. Nummerieren Sie diese durch, indem Sie die Zahl in die rechte Spalte schreiben. Beginnen Sie mit dem jeweils unwichtigsten bei 1.

4 Formulieren Sie aus den Informationen eine Argumentation. Orientieren Sie sich dabei an folgender Struktur:

> 1 Mit einer Behauptung (These) wird der eigene Standpunkt klar gemacht.
> 2 Mit der Begründung wird die Behauptung begründet.
> 3 Mit einem Beispiel aus der eigenen Erfahrung und/oder einem Beleg wird deutlich gemacht, dass die Behauptung richtig und das Argument nachvollziehbar sind. (Vergleiche Seite 18.)

a) Formulieren Sie die Informationen für die Pro-Seite nach dieser Struktur. Ergänzen Sie Beispiele durch Ihre Erfahrungen im Schulalltag.

1. Information: 81 % der Schüler finden es sehr wichtig bzw. wichtig zu Hause Computer und Internet für die Schule zu haben. Gymnasiasten nutzen das Internet mehr für Informationsbeschaffung als Schüler anderer Schulformen.	
Behauptung:	Das Internet ist für den Schulerfolg wichtig.
Begründung:	Denn einer Studie zufolge finden 81 % der Schüler es sehr wichtig bzw. wichtig, zu Hause Computer und Internet für die Schule zu haben.
Beleg:	Gymnasiasten nutzen das Internet deutlich mehr zur Informationsbeschaffung als Schülerinnen und Schüler anderer Schulformen.
Beispiel aus eigener Erfahrung:	Ich bin zum Beispiel in Mathe besser geworden, seitdem ich alles im Internet nachschaue, was ich nicht verstehe.

2. Information: Das Internet bietet die Möglichkeit, immer umfassend informiert zu sein und auf unterschiedliche Quellen zurückgreifen und sie kritisch miteinander vergleichen zu können.	
Behauptung:	Das Internet ist als Informationsmedium wichtig für den Schulerfolg,
Begründung:	
Beleg oder Beispiel aus eigener Erfahrung:	

TEXTE VERFASSEN

b) Formulieren Sie die Informationen für die Kontra-Seite nach dieser Struktur. Ergänzen Sie Beispiele aus Ihren Erfahrungen im Schulalltag.

1. Information: Ungünstige Effekte von Bildschirmkonsum auf die Gedächtnisleistung: Fernzusehen oder Videospiele direkt nach der Schule („zur Entspannung") zu spielen, überschreibt einen Teil der Inhalte im Kurzzeitgedächtnis, also das während des Schultags Gelernte.	
Behauptung:	
Begründung:	
Beleg oder Beispiel aus eigener Erfahrung:	
2. Information: Jungen verbringen knapp eine Stunde mehr am Tag vor dem PC als Mädchen und spielen in dieser Zeit überwiegend online-Spiele. Das hat Folgen für den Schulerfolg. Eine Gymnasialempfehlung bekommt inzwischen nur noch ein Drittel der Jungen, bei den Mädchen sind es dagegen 41 %. Sogar zwei Drittel der Sitzenbleiber und Schulabbrecher sind Jungen.	
Behauptung:	
Begründung:	
Beleg oder Beispiel aus eigener Erfahrung:	

Deutsch Werkzeug Sprache ISBN 978-3-582-48040-8

TEXTE VERFASSEN

5 Verfassen der Erörterung:
a) Die folgende Einleitung macht die Unterschiedlichkeit der Positionen zwischen Eltern und Jugendlichen deutlich. Ergänzen Sie die fehlenden Wörter.

> im Folgenden, aber, ständiger Streitpunkt, dann, ob das Internet, sei dadurch gefährdet, finden … wichtig, ständig, über Verbote zu regeln

In vielen Familien ist die Nutzung des Internets ein _____. 81 % der Jugendlichen _____ die Internetnutzung _____ für den Schulerfolg. _____ die Eltern sind der Meinung, der Schulerfolg _____, dass die Jugendlichen _____ online sind. Sie versuchen _____, die Internetnutzung _____. Ich werde _____ die Frage erörtern, _____ zu größerem Erfolg in der Schule führt.

b) Formulieren Sie Ihr erstes Argument für eine Argumentation nach dem Reißverschlussprinzip. Beginnen Sie mit dem ersten Argument der Pro-Position.

c) Formulieren Sie das erste Argument der Kontra-Position.

TEXTE VERFASSEN

d) Formulieren Sie das Folgeargument der Pro-Position, indem Sie die Argumentation vervollständigen.
Das Internet bietet nicht nur die Möglichkeit zu Onlinespielen und zum Filme schauen, sondern man kann sich umfassend informieren.

e) Formulieren Sie das Folgeargument der Kontra-Position, indem Sie Bezug auf das letzte Argument nehmen und die Argumentation dann weiterführen.

f) Formulieren Sie das letzte Pro-Argument und ein kurzes Fazit.

TEXTE VERFASSEN

Sachtextanalyse

Eine Sachtextanalyse ist mehr als eine Inhaltsangabe. Man gibt den Inhalt wieder und erläutert, auf welche Art der Text geschrieben wurde. Dabei werden Textart, Aufbau, Argumentation, Sprache und Textintention in den Blick genommen und am Ende bezüglich ihrer Wirkung und Aussage bewertet.

Aufbau einer Sachtextanalyse:
1. Einleitung: Textart, Titel, Autor, Quelle, Thema.
2. Hauptteil: Einführung in die Problematik und kurze Inhaltsangabe; Erläuterung, wie der Text geschrieben wurde (Aufbau, Argumentation, Sprache) und welche Absicht der Text hat (Textintention).
3. Schluss: Bewertung des Textes unter Berücksichtigung der Ergebnisse des Hauptteils.

1 Lesen Sie den folgenden Text zweimal. Notieren Sie in der rechten Spalte, welche Information Sie dem Text für die Einleitung entnehmen können.

	Textart
Kolumne: Die freche Berlinerin **Geldbeutel bleibt zu** *Ruth Moschner läutet Wochen der Shopping-Diät ein* *Von Ruth Moschner*	
Ich hab's satt. Dieses ständige Konsumieren! Als wären wir hilflose Hafer-Mast-Gänse, die sich nicht dagegen wehren können, dass ihnen ständig was in den Rachen gestopft wird. Im April haben alleine in meiner nächsten Umgebung gefühlt einhundert neue Läden eröffnet, die einen herzlichst einladen, sich neu auszustatten.	
Die Frühjahrskollektion ist da! Was sind das alles wieder für herrlich frische Farben und Schnitte! Aber ich brauche doch gar nichts! Mir fehlt wirklich nichts, will ich in die Läden zurückrufen, wie ein Kleinkind seiner Mutter, die zum zwanzigsten Mal versucht, die warme Winterjacke überzustülpen wie ein mobiles Gefängnis. Aber nicht nur draußen, auch zu Hause lauern Verlockungen. Online-Shopping im Internet zum Beispiel ist eine super Alternative – und das sogar 24 Stunden am Tag und zufällig immer an den persönlichen Bedarf angepasst.	
Neben der NSA werden wir schließlich auch völlig hemmungslos von Google, Youtube und all den anderen Schnüfflern abgetastet, um unser Surfverhalten in niegelnagelneue Waren umzuwandeln. Ich kaufe, also bin ich.[1] Es gibt ja nichts Schöneres als Post zu bekommen. Muss nicht mal von einem Freund sein, davon hat man ja auf Facebook ausreichend viele.	
Ich habe heute Geburtstag und wünsche mir übrigens nichts. Ganz offiziell. Ich bin wirklich gespannt, wer sich dran hält. Falls aber das Projekt „Bescheidenheit" scheitern sollte, starte ich jedoch gleich mit etwas anderem, und würde mich freuen, wenn Sie mitmachen! Die Shopping-Diät! Ich werde ab sofort nichts mehr kaufen und zwar für volle zwei Wochen. Lebensmittel, Medikamente und andere Dinge für den täglichen Gebrauch sind natürlich erlaubt. Ansonsten bleibt der Geldbeutel verschlossen. In 14 Tagen werde ich berichten und Sie mir hoffentlich auch!	

(aus: www.berliner-kurier, 10.4.2014)

[1] „Ich denke, also bin ich." ist der erste Grundsatz des Philosophen René Descartes.

TEXTE VERFASSEN

2 Die Einleitung verfassen: Ergänzen Sie die Lücken in der Einleitung.

Der Text mit dem Titel _____

_____ erschien am _____ in

_____ und wurde von der Kolumnistin _____ in ihrer

wöchentliche Kolumne _____ verfasst. Wie schon am _____

erkennbar, setzt sich der Text in _____ Weise mit dem Thema _____ auseinander.

3 Den Inhalt des Textes erfassen. Kreuzen Sie jeweils an, was zutrifft.

a) Welche Aussage gibt den Inhalt des ersten Absatzes am treffendsten wieder?

☐ Im ersten Absatz macht die Autorin deutlich, dass Konsumieren ihr Freude bereitet.

☐ Im ersten Absatz wird deutlich, dass die Autorin sich freut, dass wieder viele neue Läden in ihrer Umgebung eröffnet haben.

☐ Im ersten Abschnitt macht Ruth Moschner deutlich, wie sie sich zum Konsumieren gedrängt fühlt und dies nicht mehr weiter hinnehmen möchte.

b) Welche Aussage gibt den Inhalt des zweiten Absatzes am treffendsten wieder?

☐ Die Autorin beschreibt im zweiten Absatz, wie sowohl neue Modekollektionen als auch das Internet zum Einkaufen verführen sollen.

☐ Die Autorin berichtet im zweiten Absatz, wie sie sowohl der neuen Kollektion als auch den Verführungen im Internet widersteht.

☐ Die Autorin äußert sich im zweiten Absatz begeistert über die Möglichkeiten, für das Frühjahr einzukaufen und dabei auch vom Internet unterstützt zu werden.

c) Welche Aussage gibt den Inhalt des dritten Absatzes am treffendsten wieder?

☐ In diesem Absatz lobt sie die passgenauen Angebote, die durch Google möglich sind.

☐ In diesem Absatz äußert sie die Angst, dass sie von der NSA ausspioniert wird.

☐ In diesem Absatz beschäftigt sie sich damit, wie im Internet das Surfverhalten gezielt genutzt wird, um passgenaue Angebote per E-Mail an die Nutzer zu senden, um sie zum Konsumieren anzuregen.

d) Welche Aussage gibt den Inhalt des letzten Absatzes am treffendsten wieder?

☐ Zum Schluss zeigt Ruth Moschner auf, wie sie sich dem Konsumzwang durch eine Shopping-Diät entziehen will und ruft die Leserinnen und Leser dazu auf, dies auch auszuprobieren.

☐ Zum Schluss ruft Ruth Moschner die Leserinnen und Leser auf, sich nur dann bei ihr zu melden, wenn sie ihr zum Geburtstag gratulieren wollen.

☐ Zum Schluss fordert Ruth Moschner die Leserinnen und Leser auf, Lebensmittel, Medikamente und andere Dinge für den täglichen Gebrauch einzukaufen.

4 a) Sprachliche Mittel erkennen: Schreiben Sie in die rechte Spalte, um welches sprachliche Mittel es sich bei den markierten Ausdrücken handelt.

> ~~Neologismus~~ • Ausruf und direkte Anrede der Leserinnen und Leser • Vergleich • Appell • Veränderung eines Zitats • Vergleich • Ironie • Ausruf und Ellipse • Personifikation • drei Ausrufe hintereinander • Ironie • Ironie • Akkumulation

Geldbeutel bleibt zu **Ruth Moschner läutet Wochen der Shopping-Diät ein** *Von Ruth Moschner*	Neologismus
Ich hab's satt. Dieses ständige Konsumieren! Als wären wir hilflose Hafer-Mast-Gänse, die sich nicht dagegen wehren können, dass ihnen ständig was in den Rachen gestopft wird. Im April haben alleine in meiner nächsten Umgebung gefühlt einhundert neue Läden eröffnet, die einen herzlichst einladen, sich neu auszustatten.	
Die Frühjahrskollektion ist da! Was sind das alles wieder für herrlich frische Farben und Schnitte! Aber ich brauche doch gar nichts! Mir fehlt wirklich nichts, will ich in die Läden zurückrufen, wie ein Kleinkind seiner Mutter, die zum zwanzigsten Mal versucht, die warme Winterjacke überzustülpen wie ein mobiles Gefängnis. Aber nicht nur draußen, auch zuhause lauern Verlockungen. Online-Shopping im Internet zum Beispiel ist eine super Alternative – und das sogar 24 Stunden am Tag und zufällig immer an den persönlichen Bedarf angepasst.	
Neben der NSA werden wir schließlich auch völlig hemmungslos von Google, Youtube und all den anderen Schnüfflern abgetastet, um unser Surfverhalten in niegelnagelneue Waren umzuwandeln. Ich kaufe, also bin ich.[1] Es gibt ja nichts Schöneres als Post zu bekommen. Muss nicht mal von einem Freund sein, davon hat man ja auf Facebook ausreichend viele.	
Ich habe heute Geburtstag und wünsche mir übrigens nichts. Ganz offiziell. Ich bin wirklich gespannt, wer sich dran hält. Falls aber das Projekt „Bescheidenheit" scheitern sollte, starte ich jedoch gleich mit etwas anderem, und würde mich freuen, wenn Sie mitmachen! Die Shopping-Diät! Ich werde ab sofort nichts mehr kaufen und zwar für volle zwei Wochen. Lebensmittel, Medikamente und andere Dinge für den täglichen Gebrauch sind natürlich erlaubt. Ansonsten bleibt der Geldbeutel verschlossen. In 14 Tagen werde ich berichten und Sie mir hoffentlich auch! (aus: www.berliner-kurier, 10.4.2014)	

[1] „Ich denke, also bin ich." ist der erste Grundsatz des Philosophen René Descartes.

TEXTE VERFASSEN

b) Die Wirkung der sprachlichen Mittel erkennen: Ordnen Sie die sprachlichen Mittel der Wirkung zu, indem Sie die jeweiligen Kästchen mit der zugehörigen Zahl versehen.

Sprachliches Mittel			Wirkung
Bereits in der Überschrift bildet die Autorin eine Wortneuschöpfung.	1		Dieser Vergleich macht die Hilflosigkeit der Konsumenten und die Aggressivität der Konsumindustrie deutlich.
Der erste Absatz beginnt mit dem Ausruf „ich hab's satt. Dieses ständige Konsumieren!"	2		Diese Ironie soll zeigen, dass die Konsumindustrie ganz gezielt Angebote über das Internet macht.
Der folgende Satz ist unvollständig, es fehlt das Verb.	3		Durch diese Ellipse betont die Autorin, was sie satt hat.
Sie vergleicht die Konsumenten mit Hafermast-Gänsen, denen, ohne dass sie sich wehren können, permanent Futter in den Hals gestopft wird.	4		Mit diesem Neologismus lenkt sie die Aufmerksamkeit der Leser/-innen auf das Thema „Shopping", weil eine Diät eher an Essen denken lässt und Shopping an Entspannung.
Der zweite Abschnitt beginnt mit den drei Ausrufen: „Die Frühjahrskollektion ist da! Und was sind das wieder für herrliche Farben und Schnitte! Aber ich brauche doch gar nichts!"	5		Durch eine Akkumulation werden Youtube und Google dem Auslandsgeheimdienst der USA gleichgesetzt.
Dann folgt ein Vergleich. Die Autorin fühlt sich den Rufen der Konsumindustrie so machtlos gegenüber wie ein Kleinkind, das von der Mutter wiederholt in die Winterjacke gezwängt wird.	6		Dadurch, dass die Autorin sich direkt an die Leser/-innen wendet, macht sie deutlich, dass auch diese der Konsumindustrie ausgeliefert sind. Der Appell soll zum Handeln aufrufen.
„Lauern Verlockungen" ist eine Personifikation.	7		Diese Ironie macht deutlich, dass man als Konsument nicht in der realen Welt lebt.
Das Wort „zufällig" ist ironisch gemeint.	8		Durch den Ausruf am Anfang drückt die Autorin ihren Unmut aus.
Google und Youtube werden in einem Satz mit der NSA genannt und alle als Schnüffler bezeichnet. Das ist eine Akkumulation.	9		Mit dieser Veränderung des Zitats vermittelt Ruth Moschner, dass sie durch das Konsumieren den Verstand abschaltet.
„Ich kaufe, also bin ich!" ist die Veränderung des Zitats „Ich denke, also bin ich!".	10		Mit diesen Ausrufen macht sie deutlich, dass die Konsumindustrie sich verhält wie Marktschreier, die um jeden Preis ihre Ware loswerden wollen.
Dass man sich über Post freue, auch wenn sie nicht von realen Freunden komme, ist ironisch gemeint.	11		Diese Personifikation veranschaulicht das aggressive raubtierartige Verhalten der Konsumindustrie.
Am Ende richtet sich Ruth Moschner direkt an die Leser/-innen und schließt mit einem Appell.	12		Auch hier dient der Vergleich wieder dazu deutlich zu machen, wie hilflos die Konsumentin den Kaufangeboten ausgeliefert ist.

TEXTE VERFASSEN

5 Verfassen einer Textanalyse:

a) Lesen Sie nochmals den Lückentext von Aufgabe 2). Das ist Ihre Einleitung.

b) Knüpfen Sie daran an und schreiben Sie eine Einführung in die Problematik.

c) Verfassen Sie eine kurze Inhaltsangabe.
   Tipp: Verwenden Sie die Ergebnisse aus Aufgabe 3.

TEXTE VERFASSEN

d) Formulieren Sie die Hauptthese der Autorin und erläutern Sie den argumentativen Aufbau.

e) Erläutern Sie die sprachlichen Mittel und ihre Wirkung.

(Nutzen Sie auch die folgende Seite zum Schreiben!)

TEXTE VERFASSEN

TEXTE VERFASSEN

f) Bestimmen Sie die Sprachebene.

g) Formulieren Sie ein Fazit, indem Sie Aussage und Argumentationsweise in den Blick nehmen.

MEDIEN

Was sind Medien?

Was sind Medien?

1. Medien sind Träger von Informationen.
2. Diese Informationen richten sich an viele Menschen, deshalb bezeichnet man Medien wie Zeitungen, das Fernsehen, das Radio oder das Internet als Massenmedien.
3. Massenmedien haben die Funktion zu unterhalten, zu informieren, und bei der Meinungsbildung zu helfen.
4. Man unterschiedet zwischen Printmedien (gedruckte Medien wie Zeitungen, Zeitschriften, usw.) und audio-visuellen Medien (Fernsehen, Radio, Internet).
5. Im Internet gibt es sowohl Beiträge zum Lesen (z. B. Online-Ausgaben von Zeitungen), als auch zum Sehen und Hören (z. B. Podcasts).

1 Setzen Sie die fehlenden Wörter im folgenden Text ein.

~~Erstens~~ • Skandale • freie Berichterstattung • ausführende Gewalt • die dritte Gewalt • Drittens • umfassend • kritisch • überparteilich • vierte Gewalt • die Meinungsfreiheit • eine eigene Meinung bilden • Zweitens • die Legislative • Machtbegrenzung

Medien – Gewaltenteilung und Pressefreiheit

Massenmedien haben drei Aufgaben. _____ sollen sie die Öffentlichkeit informieren. _____ dienen sie auch dazu, Politikern deutlich zu machen, wie die Öffentlichkeit denkt. _____ haben sie durch ihre Berichterstattung einen erheblichen Einfluss auf die Meinungsbildung, weil sie kritisieren und kontrollieren. In der Presse werden _____ aufgedeckt, z. B. wenn Politiker sich bereichern. Deshalb werden öffentliche Medien oft auch als _____ bezeichnet. Die drei Gewalten des Staates sind die Exekutive (Vollziehung), womit die _____ gemeint ist, wie die Polizei. Die zweite Gewalt ist _____ (Gesetzgebung), z. B. Gremien wie der Bundestag, in denen Gesetze beschlossen werden. Die Judikative (Rechtssprechung) ist _____. Diese Verteilung der Staatsgewalt auf mehrere Staatsorgane dient der _____ und der Sicherung von Freiheit und Gleichheit. Damit auch die „vierte Gewalt", die Presse, Bürgerinnen und Bürger _____, _____ und _____ informieren kann, gibt es _____, die im Artikel 5 des Grundgesetzes festgelegt ist. Damit verbunden ist das Recht der Presse auf eine _____, damit die Bürgerinnen und Bürger sich auf der Grundlage von Informationen _____ können.

MEDIEN

2 Lesen Sie den Text und formulieren Sie drei Hauptaussagen.

Das Web verändert die Kommunikation über Massenmedien

Ursprünglich gab es eine Trennung zwischen denen, die Massenmedien produzieren und denen, die sie konsumieren. Auf der einen Seite gab es die Journalistinnen und Journalisten, die ihre Inhalte einseitig mithilfe einer Übertragungstechnik (z. B. Druck, Funkwelle, Satellitentechnik) an die breit verstreuten Empfänger verteilten. Auf der anderen Seite gab es die Empfänger, die diese Informationen über das entsprechende Medium aufnahmen. Diese Trennlinie wird durch das Web aufgehoben, weil es den Menschen die Möglichkeiten bereitstellt, ihre eigenen Inhalte im Netz zu produzieren, weiter zu verbreiten oder zu tauschen. Damit ist der Empfänger nicht mehr nur Empfänger, sondern Nutzer (user) und kann aktiv als Sender auftreten. Gleichzeitig können Informationen im Sekundentakt weiter verbreitet, kommentiert und ergänzt werden. Das hat Vor- und Nachteile. Die Vorteile liegen in der schnellen Verfügbarkeit, man braucht nur ein Empfangsgerät und einen Internetzugang. Das Zensieren von Nachrichten wird immer schwieriger. Jeder kann Informationen verbreiten. Gleichzeitig werden ungeprüfte Informationen, die sich auch als falsch herausstellen können, ungefiltert verbreitet. Die Meinungsbildung wird auch dadurch beeinflusst, dass einige wenige ihre Meinung ins Netz stellen, viele diese Meinung lesen und schweigen und dann der Eindruck entsteht, dass sei die vorherrschende Meinung. Um sich in diesem Dschungel von Informationen eine eigene Meinung bilden zu können, muss man zunächst die Vertrauenswürdigkeit der Quelle einschätzen können, was oft sehr schwierig ist und Fachwissen erfordert.

MEDIEN

Presse – Boulevard und Abonnement

1 Lesen Sie den Text.

> **Die Deutsche Presse-Agentur (dpa) erklärt auf ihrer Homepage ihre Arbeit.**
>
> Die dpa Deutsche Presse-Agentur GmbH ist der unabhängige Dienstleister für multimediale Inhalte. Die Nachrichtenagentur versorgt als Marktführer in Deutschland tagesaktuelle Medien aus dem In- und Ausland. Ein weltumspannendes Netz von Redakteuren und Reportern garantiert die eigene Nachrichtenbeschaffung nach im dpa-Statut festgelegten Grundsätzen: unparteiisch und unabhängig von Weltanschauungsfragen, Wirtschafts- und Finanzgruppen oder Regierungen. dpa arbeitet über alle Mediengrenzen hinweg, rund um die Uhr. Auf diese Qualität verlassen sich Printmedien, Rundfunksender, Online- und Mobilfunkanbieter sowie andere Unternehmenskunden in mehr als 100 Ländern.
>
> *(aus: www.dpa.com, 2017)*

2 Beantworten Sie die Fragen zu dem Text.
  a) Wofür steht die Abkürzung „dpa"?

  b) Was ist die „dpa"?

  c) Wer nutzt die Dienstleistungen der „dpa"?

  d) Worin besteht die Dienstleistung?

  e) Nach welchen Grundsätzen werden diese Nachrichten weitergegeben?

MEDIEN

3 Vom Ereignis zur Nachricht:
a) Lesen Sie den Text, in dem die „dpa" auf ihrer Homepage ihre Arbeit beschreibt, um die Schritte vom Ereignis bis zur Nachricht zu erfassen.

> **Wie wir arbeiten – vom Ereignis zur Nachricht,
> wenn … im Grand Canyon ein Flugzeug mit vier deutschen Touristen abstürzt:**
>
> Die Kollegin in San Francisco sieht es zuerst auf Twitter: „Cessna down in #Grand Canyon some German tourists on the plane, maybe fatalities". Getwittert hat das ein Tourist, der sogar ein unscharfes Foto mitliefert, auf dem so etwas wie ein Flugzeugwrack zu erkennen ist. Ein guter Anhaltspunkt – aber nicht annähernd genug für eine Meldung.
>
> Die Kollegin ruft die Polizei in Flagstaff, Arizona, in der Nähe des Grand Canyon an. Während sie in der Warteschleife hängt, guckt sie schon nach Flügen von San Francisco nach Flagstaff. Dann meldet sich die Polizei – und die weiß von nichts.
>
> Zweiter Anruf beim Nationalparkamt. Ja, es hat ein Unglück gegeben. Cessna, Deutsche, Opfer? Wissen wir nicht, aber wir können einen Flugzeugabsturz bestätigen. Die Reporterin macht eine sogenannte Achtungsnotiz, die nur unsere Kunden, noch nicht die Leser sehen können: dpa ist dran, noch haben wir aber nicht genug für eine zuverlässige Meldung.
>
> Das ändert der nächste Anruf: Der Sheriff bestätigt, dass eine Cessna abgestürzt ist, an Bord der Pilot und vier deutsche Touristen. „Einer hat ein gebrochenes Bein, eine Frau üble Prellungen. Aber alle haben überlebt, und es geht ihnen einigermaßen gut. Laut Reisepass kommen sie aus einer Stadt namens Darmstadt."
>
> Die Kollegin in San Francisco schreibt eine Meldung und schickt sie nach Berlin. In der Redaktion „Panorama" hat der zuständige Redakteur bereits die Kollegen der dpa-infografik gefragt, ob sie eine Grafik mit der Absturzstelle im Grand Canyon vorbereiten können. Jetzt wird die Meldung noch einmal gelesen, und der Kollege greift zum Telefonhörer: „Du hast bei zwei der Touristen das Alter drin, bei den anderen beiden nicht. Ach so, wusste der Sheriff auch nicht. Und was ist North Rim, das müssen wir erklären. Aha, okay, dann schreibe ich ´am nördlichen Rand der Schlucht, die das Ziel von jährlich fünf Millionen Touristen ist´".
>
> *(aus: www.dpa.com, 2017)*

b) Bringen Sie die Arbeitsschritte von einem Ereignis bis zu einer Nachricht in die richtige Reihenfolge, indem Sie die entsprechenden Ziffern von 1–7 in den Kasten schreiben.

	Die Journalistin überprüft die Information auf ihren Wahrheitsgehalt durch Nachfragen bei offiziellen Stellen, wie z. B. Polizei und Behörden.
	Die Journalistin schreibt eine Meldung und schickt diese nach Berlin, weil sie genügend Informationen hat.
	Der zuständige Journalist in Berlin erfragt telefonisch Einzelheiten.
	Die Journalistin vor Ort erfährt von einem Ereignis.
	Die Journalistin sammelt weitere Informationen.
	Die Redaktion in Berlin bereitet eine grafische Darstellung zum Ereignis vor.
	Weil die Informationen richtig und wichtig sind, macht die Reporterin eine Achtungsnotiz für Journalisten anderer Medien, die Kunden sind.

MEDIEN

> **Berichterstattung – Boulevard- und Abonnementzeitungen**
>
> 1. Boulevardzeitungen sind Zeitungen, die früher nicht als Tageszeitungen ins Haus gebracht wurden.
> 2. Abonnementzeitungen sind Zeitungen, die man im Abonnement bezieht und zugestellt bekommt.
> 3. Boulevardzeitungen erscheinen in hohen Auflagen und sind häufig überregional, wie z.B. die Bild-Zeitung, oder decken einen großen regionalen Bereich ab. Sie erzeugen durch ihre Berichterstattung beim Leser Emotionen und geben eindeutige Meinungsurteile ab.
> 4. Abonnementzeitungen sind in der Regel sachbetonter in der Berichterstattung und vermitteln dem Leser nicht direkt Gefühle und eine Meinung.

1 Lesen Sie die folgende dpa-Meldung und beantworten Sie die W-Fragen.

> *Homburg (dpa)* – Ein Mann soll im Saarland seine Nachbarin erschossen und sich auf der Flucht selbst getötet haben. Die 42-Jährige saß vor ihrem Haus in ihrem Auto, als sie von dem tödlichen Schuss getroffen wurde. Der Täter floh mit einem Auto. Polizeibeamte stoppten ihn. Er schoss dabei nach bisherigen Erkenntnissen in Richtung der Polizisten. Auch ein Beamter schoss, der Mann blieb aber unverletzt und setzte seine Flucht fort. Ein Spezialeinsatzkommando fand die Leiche des Mannes später in dem Wagen. Er hatte sich nach ersten Ermittlungen selbst getötet. Die Hintergründe sind noch unklar.
>
> *(aus: ww.faz.net, dpa-Meldung 2017)*

a) Was ist passiert?

b) Wie ist es passiert?

c) Wo ist es passiert?

MEDIEN

2 Lesen Sie den folgenden Zeitungsartikel aus einer Tageszeitung.

Zwei Tote in Homburg-Schwarzenacker

Mann erschießt Frau und anschließend sich selbst

Homburg-Schwarzenacker. In Homburg-Schwarzenacker kam es am Montagnachmittag (08.05.2017) zu einem tragischen Vorfall.
Gegen 13.30 Uhr hat am Montagnachmittag (08.05.2017) ein Mann in Homburg-Schwarzenacker aus seinem Fahrzeug heraus auf eine Frau geschossen. Diese befand sich zum Tatzeitpunkt an ihrem Wagen. Durch die Schüsse wurde die Frau tödlich verletzt. Das bestätigte die Pressestelle der Polizei auf SZ-Anfrage.
Nach dem Angriff flüchtete der Mann. Bereits kurze Zeit später fanden ihn die Beamten allerdings in der Nähe des Tatortes tot in seinem Wagen vor. Aktuell geht die Polizei von einem Selbstmord aus. Das Gebiet um den Tatort ist derzeit weiträumig abgesperrt; ein Spezialeinsatzkommando sowie die Polizei sind noch im Einsatz.

(aus: Saarbrücker Zeitung online 08. Mai 2017, 15:48 Uhr)

3 Vergleichen Sie die dpa-Meldung und den Artikel. Listen Sie auf, um welche Bestandteile die Meldung ergänzt worden ist.

4 Zitieren Sie den Satz, durch den die Zeitung vermittelt, dass ihre Journalisten selbst nachgeforscht haben.

5 Zitieren Sie Textstellen, in denen eine Bewertung des Ereignisses oder eine Meinung deutlich wird.

MEDIEN

6 Lesen Sie den folgenden Artikel zu dem gleichen Ereignis und unterstreichen Sie die Informationen, die in diesem Artikel neu sind.

> Homburg – Im Wald bei Homburg (Saarland) liegt die Leiche eines Mannes (61), Polizisten untersuchen den Tatort. Es ist das blutige Ende eines Nachbarschaftsstreits: Der 61-Jährige hat zuvor seine Nachbarin erschossen – weil ihr Hund zu laut bellte!
> Der Schütze wohnte am Ende einer Sackgasse gegenüber von Tierfreundin Ramona S. (42). Die beiden hatten seit Jahren immer wieder Ärger. Der Ex-Mann der Hundehalterin: „Es gab immer wieder Streit wegen ihres Hundes. Der Mann soll einen Waffenschein gehabt haben."
> Im vergangenen Sommer warf der 61-Jährige vergiftete Wurst über den Gartenzaun, um Mischling Janosch (10) zu töten. Vergangenen Mittwoch wurde er deswegen zu 600 Euro Geldstrafe verurteilt.
> Montagmittag eskalierte der Streit: Ramona S. kam gegen 13.30 Uhr ohne ihren Mischling Janosch aus dem Haus, stieg in ihr Auto. Plötzlich raste ihr Nachbar in seinem VW heran, eröffnete das Feuer auf die Frau. Sie wurde durch ihre Seitenscheibe tödlich getroffen!
> Der Killer flüchtete in seinem Wagen, Nachbarn notierten das Kennzeichen, alarmierten die Polizei.
> Bei der Fahndung entdeckten Polizisten das Auto mit dem Gesuchten. Ein Polizeisprecher: „Als sie ihn kontrollieren wollten, schoss der Flüchtige nach bisherigen Erkenntnissen unvermittelt in Richtung der Polizeibeamten." Der Mörder bog auf einen Waldweg ab, erschoss sich dort. Kurz darauf fanden ihn SEK-Polizisten.
>
> *(aus: www.bild.de, 08.05.2017 – 23:07 Uhr)*

7 Formulieren Sie, welche Meinung über den Täter durch den ersten Absatz vermittelt wird.

8 Notieren Sie die Informationen, die der Artikel zu dem Täter enthält.

9 Notieren Sie, mit welchen Nomen der Täter bezeichnet wird.

MEDIEN

10 Formulieren Sie, welche Wirkung durch den ersten Abschnitt, die Informationen und die unterschiedlichen Nomen beim Leser erzielt wird.

11 Notieren Sie die Informationen, die Sie über das Opfer und den Tathergang erhalten.

12 Formulieren Sie, welche Gefühle die Informationen über Opfer und Tathergang beim Leser wecken und welches Meinungsbild vermittelt wird.

INFORMATIONEN AUSWÄHLEN UND ZITIEREN

Informationen auswählen und überprüfen – exzerpieren

Exzerpieren, um Textinhalte übersichtlich zur Verfügung zu haben
1. Verschaffen Sie sich einen Überblick über den Text, indem Sie die Überschrift, Zwischenüberschriften und die ersten und letzten Sätze lesen.
2. Bestimmen Sie das zentrale Thema des Textes.
3. Markieren Sie den Text, indem Sie Randnotizen machen und Signal- und Schlüsselwörter markieren.
4. Gliedern Sie den Text nach Themenbereichen
5. Bereiten Sie den Text schriftlich auf, sodass Sie die Informationen nachvollziehbar mit einem kurzen Blick erfassen können.

1 Verschaffen Sie sich einen Überblick über den Textausschnitt, indem Sie die Überschrift und die ersten und letzten Sätze lesen.

„Warum bilden wir die Massen, lassen sie dann aber nicht mitreden?"

Brüssel. Brexit, Trump und der Aufschwung der Rechtspopulisten – nicht nur David van Reybrouck sieht die westliche Demokratie in einer Krise. Doch der Lösungsansatz des Historikers überrascht: Um Parteizwang und Wahlkalkül zu verringern, will er Volksvertreter nicht mehr wählen, sondern auslosen lassen. Der „Wiener Zeitung" erklärt er, warum Wahlen nicht per se demokratisch sind und wie das Losverfahren in Europas Politik längst Einzug hielt.

„Wiener Zeitung": *Sind Wahlen nicht das Fundament unserer Demokratie?*
David van Reybrouck: Nein, sind sie nicht. Wahlen wurden erst Ende des 18. Jahrhunderts mit den Revolutionen in Amerika und Frankreich eingeführt. Dabei ging es den Revolutionären nicht um Demokratie, dieses Wort hielten sie sogar für gefährlich. Ihnen ging es um eine republikanische Regierung; eine Regierung ohne König. […] Das Problem heute ist, dass politische Parteien von den Bürgern als die korruptesten Institutionen überhaupt gesehen werden. Es ist besorgniserregend, dass den Schlüsselakteuren unserer Demokratien so wenig Vertrauen entgegengebracht wird.

„Wiener Zeitung": *„Demokratiemüdigkeitssyndrom". Als Heilmittel schlagen Sie vor, Wahlen durch ein Losverfahren zu ersetzen. Warum?*
David van Reybrouck: Das passiert ja bereits. Die niederländische Stadt Utrecht wählt regelmäßig Einwohner durch ein Losverfahren aus, um Themen wie den Umgang mit Flüchtlingen zu besprechen. Irland ist noch innovativer und hat Bürger per Los in eine „Bürgerversammlung" einberufen, die Empfehlungen erarbeitet. Vor zwei Jahren wurde so die gleichgeschlechtliche Ehe eingeführt. Derzeit wird das Abtreibungsverbot diskutiert. Solche Themen sind mit traditioneller Parteipolitik kaum zu behandeln, weil Parteien zu sehr an die nächste Wahl denken.

„Wiener Zeitung": *Könnte man nicht einfach eine Volksabstimmung machen?*
David van Reybrouck: Die wäre zu emotional. Schauen Sie, was in England bei der Brexit-Abstimmung passiert ist. Wenn Wahlen zu strategisch und Volksabstimmungen zu emotional sind, ist eine per Los ermittelte Bürgerversammlung, der man genug Zeit lässt und die man mit allen notwendigen Informationen versorgt, eine sehr gute Lösung. Sie ist freier als Politiker und besser informiert als die Wähler bei einer Volksabstimmung.

(aus: Wiener Zeitung, Europa@welt, Dienstag, 18.4.2017; WZ Korrespondent Jakob Arnim-Elissen)

INFORMATIONEN AUSWÄHLEN UND ZITIEREN

2 Beantworten Sie die folgenden Fragen.

a) Welche Textform liegt vor?

b) Wie lautet das zentrale Thema des Textes?

3 Markieren Sie im Text zentrale Aussagen (Th), deren Begründungen (Begr) und die Beispiele (Bsp), mit denen die Thesen erläutert werden.

4 Füllen Sie das unten stehende Raster in Stichworten aus.

Thema	Losverfahren statt demokratische Wahlen
Textform und Quelle	
zentrale Aussagen (Thesen)	
Begründungen	
Beispiele	

Tipp: Wenn Sie für eine Recherche zu einem Referat für jeden Text eine Information nach dem oben dargestellten Muster anfangen, dann haben Sie alle wichtigen Informationen auf einem Blick und können diese gut strukturieren.

Deutsch Werkzeug Sprache ISBN 978-3-582-48040-8

INFORMATIONEN AUSWÄHLEN UND ZITIEREN

Die Quellenangabe muss sein – richtig zitieren

Zitieren von Textstellen in eigenen Texten

1. Wenn Sie in Ihrem Text wörtlich aus einem anderen Text etwas übernehmen, dann ist das ein Zitat, das als solches erkennbar sein muss.
2. Jedes Zitat muss wörtlich übernommen werden. Veränderungen müssen Sie kennzeichnen.
3. Jedes Zitat muss durch Anführungszeichen am Anfang und Ende gekennzeichnet sein.
4. Für jedes Zitat müssen Sie angeben, woher dieses Zitat stammt (Quellenangabe).
5. Wenn Sie aus einem Text in einer Klausur zitieren, müssen Sie die Zeilen angeben und das Zitat sinnvoll und korrekt in Ihren Text einfügen. Achten Sie dabei auf die Satzzeichen!

1 Richtiges Zitieren eines literarischen Textes oder eines Sachtextes.

> Der Begleitsatz geht dem Zitat voran (a) oder folgt ihm (b):
>
> **Beispiel (a):** Der Ich-Erzähler beschreibt seine zart aufkeimende Hoffnung bei seiner ersten Begegnung mit der Winsener Jungschützenkönigin mit den Worten: „Verstohlen schaute ich zu ihr hinüber. Plötzlich lächelte sie" (Z. 26/27).[1]
>
> **Beispiel (b):** „Hier ist meine Familie: Tante, eine Lyrikerin. Schwester. Sie ist Mystikerin. Und dort die Mutter. Sie ist Sopranistin. Und schließlich der Vater: Er ist Dramatiker. Ich bin Maurer." (Z. 3–8)[2], mit dieser Aufzählung macht der Erzähler deutlich, wie sehr er sich von den anderen Familienmitgliedern unterscheidet.

a) Fügen Sie das Zitat in den Satz ein.

> Zitat: Der rauchige Raum schien ganz leicht zu schwanken, ganz leicht (Z. 144–146).[3]
> Der Satz, in den das Zitat eingefügt werden soll: *Seine wachsende Unsicherheit wird durch den Satz deutlich – (Zitat).*

b) Fügen Sie die Satzzeichen ein.

Die Anspannung des Protagonisten wird indirekt durch folgenden Satz vermittelt Er sah, wie die Fingernägel sich verfärbten (Z. 143–144) [4]

---

[1] Quelle: Heinz Strunk: Fleisch ist mein Gemüse, Rowohlt Taschenbuch Reinbek, 2004, S. 124.
[2] Quelle: Max Goldt, Monolog des morganatischen Maurers. In: Ders. Die Radiotrinkerin, Diana Verlag, München 2002.
[3] Quelle: Herbert Malecha: Die Probe in: Die Zeit, Nr. 48/1954, Zeitverlag Hamburg, 2.12.1954.
[4] Quelle: Malecha, 1954.

INFORMATIONEN AUSWÄHLEN UND ZITIEREN

c) Fügen Sie die richtigen Satzzeichen ein.

Ich ging nach Hause und buk Streuselschnecken, zwei Bleche voll (Z. 67–68)⁵ verdeutlicht die Reaktion der Protagonistin auf der Handlungsebene

> **Das Zitat wird in den Begleitsatz eingefügt.**
> **Beispiel:** Mit den Worten „Ich hab´s satt. Dieses ständige Konsumieren!" (Z. 4)⁶ drückt die Autorin ihren Unmut über den Konsumzwang aus.

d) Fügen Sie das Zitat in den Satz ein.

> Zitat: Auch mir so süß! (Z. 154)⁷
> Satz, in den das Zitat eingefügt werden soll: Nathans Erwiderung – (Zitat) – macht deutlich, dass er die Vorstellung, Juden, Christen und Muslime lebten friedlich miteinander vereint, gerne teilen würde.

e) Bilden Sie aus den Worten einen Begleitsatz und fügen Sie das Zitat in den Satz ein.

> Worte: Metapher unterstreicht dargestellte Gefühl des Protagonisten keine Kontrolle über die Situation zu haben
> Zitat: Einem Platzregen von Gesichtern war er ausgesetzt, fahle Ovale, die sich mit den wechselnden Reklamelichtern verfärbten. (Z. 45–48)⁸

---

⁵ Quelle: Julia Franck: Streuselschnecke in: dies. Bauchlandung. Deutscher Taschenbuch Verlag, München 2000, S. 55.
⁶ Quelle: Ruth Moschner: Ruth Möschner läutet die Wochen der Shopping-Diät ein, www.berlinder-kurier.de, 10.4.2014.
⁷ Quelle: Gotthold Ephraim Lessing; Titel: Nathan der Weise – Ein dramatisches Gedicht in fünf Aufzügen, bearbeitet und herausgegeben von Johannes Diekhans, Erscheinungsort: Schöningh/Westermann Paderborn, Erscheinungsjahr: Druck A 2016, Fundstelle: S. 11, Z. 154.
⁸ Herbert Malecha: Die Probe in: Die Zeit, Nr. 48/1954, Zeitverlag Hamburg 2.12.1954.

INFORMATIONEN AUSWÄHLEN UND ZITIEREN

Zitieren bei Veränderungen oder Auslassungen ohne den Sinnzusammenhang zu verfälschen

1. Auslassungen im Zitat werden durch drei Punkte in einer eckigen Klammer gekennzeichnet: […].
2. Rechtschreibfehler in einem Zitat müssen übernommen werden. Man kann mit [sic] darauf hinweisen.
3. Wenn der Begleitsatz eine Änderung innerhalb des Zitats erfordert, so muss dies kenntlich gemacht werden.

Beispiel: Die Autorin ist nicht zimperlich, wenn es darum geht Strategien zu entwickeln „um die Ins-Handy-Schreier" zu stoppen (Z. 13–14). „Den Jungunternehmer […] frage ich voll Mitleid, warum er sich kein Büro leisten könne"(Z. 14–16). Grenzen ihrer Strategien werden von „Kampfhundebesitzern und solche(n) Mitbürger(n)" gesetzt, die ausstrahlen, Konflikte vorwiegend nonverbal zu lösen" (Z. 24–27).[9]

1 Zitieren Sie und lassen Sie die durchgestrichenen Worte aus. Markieren Sie die Auslassungen im Zitat. Achten Sie auf die richtigen Satzzeichen!

Zitat: „Die Ursachen für Mobbing sind vielfältig, ~~es kann sich praktisch überall entwickeln, wo Menschen zusammen leben, lernen oder arbeiten.~~ Die Anlässe ~~für Mobbing~~ sind häufig banal […]".[10]
Begleitsatz am Ende: behauptet der Autor.

Zitat: „Vor drei Monaten war das ja noch anders, ~~da stand sein Name schwarz auf rotem Papier auf jeder Anschlagsäule zu lesen, Jens Redluff; nur gut, dass das Foto so schlecht war.~~ Der Name stand damals fett in den Schlagzeilen der Blätter, wurde dann klein und kleiner, ~~auch das Fragezeichen dahinter rutschte in die letzten Spalten~~ und verschwand bald ganz" (Z. 74–84).[11]

---

[9] Quelle: Isabell Lott: Kolumne Wutbürger: Düdel-dü-di,düdeldüdidü. www.taz.de 11.08.2013.
[10] Quelle: www.polizei-beratung.de, 10.5.2016.
[11] Herbert Malecha: Die Probe in: Die Zeit, Nr. 48/1954, Zeitverlag Hamburg 02.12.1954.

INFORMATIONEN AUSWÄHLEN UND ZITIEREN

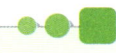

Zitieren und Quellenangaben bei längeren Fachtexten

1. Wenn Sie einen längeren Fachtext schreiben und aus einem anderen Text zitieren, müssen Sie angeben, aus welchem Text dieses Zitat stammt. Das ist die Quellenangabe.
2. Eine Quellenangabe beinhaltet Autor bzw. Autorin, Titel, gegebenenfalls den Untertitel, Erscheinungsort und Erscheinungsjahr, gegebenenfalls auch Zeilen oder Seitenangaben und den Verlag, damit der Fundort eindeutig ist.
3. Quellenangaben sollten in der ganzen schriftlichen Arbeit einheitlich geführt werden.
4. Der Verweis auf die Quelle erfolgt in Form einer Fußnote.
5. Am Ende eines Fachtextes, z. B. einer Facharbeit, steht ein Literaturverzeichnis, in dem alle genutzten Quellen alphabetisch nach dem Autorennamen sortiert aufgelistet werden.

1 Prüfen Sie, welche Quellenangaben nicht vollständig sind. Schreiben Sie auf, welche Angabe fehlt.

a) Heine, Heinrich: Nachtgedanken (Auszug). In: Ders.: Neue Gedichte. Hoffmann und Campe-Verlag GmbH, Hamburg

☐ vollständig ☐ nicht vollständig: Es fehlt _____

b) Fleisch ist mein Gemüse. Rowohlt Taschenbuchverlag, Reinbek 2004

☐ vollständig ☐ nicht vollständig: Es fehlt _____

c) Lott, Isabell: Kolumne Wutbürger „Düdel-dü-di, düdeldüdidü". www.taz.de 11.08.2013

☐ vollständig ☐ nicht vollständig: Es fehlt _____

d) Malecha, Herbert: in: Die Zeit, Nr. 48/1954. Zeitverlag. Hamburg 02.12.1954

☐ vollständig ☐ nicht vollständig: Es fehlt _____

e) Moschner, Ruth: Ruth Moschner läutet Wochen der Shopping-Diät ein. www.berliner-kurier.de.

☐ vollständig ☐ nicht vollständig: Es fehlt _____

f) Irvine: Trainspotting. Verlagsgruppe Random House GmbH, München 1998

☐ vollständig ☐ nicht vollständig: Es fehlt _____

g) Rauper-Wumme, Gisela: Von der Unbestimmtheit des Rechthabens. Antworten auf Kapitalismuskritik im Therapiegespräch. Meilenstein Verlag, Hamburg 2022.

☐ vollständig ☐ nicht vollständig: Es fehlt _____

SICH BEWERBEN

Stellenanzeigen bewerten

> **Stellenanzeigen bewerten**
> 1. Filtern Sie die Anzeigen, damit die Anzeige zu Ihrer Ausbildung, Ihren Fähigkeiten sowie Ihren Interessen passt.
> 2. Lesen Sie die Anzeige genau, um zu prüfen, welche Qualifikationen gefordert sind. Unterscheiden Sie zwischen erwünschten Qualifikationen und denen, die unbedingt notwendig sind.
> 3. Bereiten Sie die Anzeige für die Bewerbung vor, indem Sie die Formulierungen, die Ihr Interesse geweckt haben, unterstreichen und mit einer anderen Farbe die Voraussetzungen und Qualifikationen markieren, damit Sie darauf im Anschreiben Bezug nehmen können.

1 Ordnen Sie mit einem Pfeil die Personen jeweils einer Rubrik in den Stellenanzeigen zu, die für diese von Interesse sein kann.

Personen	Rubriken
Sinan, 19 Jahre, Ausbildung zum Industriemechaniker beendet.	Ausbildung
Annika, 20 Jahre, ist ausgebildete Systemgastronomin.	duales Studium
Lisa, 23 Jahre, Ausbildung und Berufserfahrung als Altenpflegerin, will Arbeitsplatz wechseln.	Technik
Valentin, 19 Jahre, Ausbildung als Steuerfachgehilfe beendet.	Gesundheit/Pflege
Anastasia, 17 Jahre, sucht Ausbildungsplatz als Fischwirtin.	Controlling/Finanzen
Lukas, 18 Jahre, hat ein Fachabitur im kaufmännischen Bereich und will studieren und eine Ausbildung machen.	Handwerk
Hamza, 19 Jahre, hat eine Ausbildung zum Bauzeichner gerade beendet.	Hotel/Gastronomie

SICH BEWERBEN

2 Kreuzen Sie an, welches Stellenangebot keine konkreten Angaben zur Tätigkeit und Ausbildungsvoraussetzung nennt.

☐	Mitarbeiterin für die Betreuung der Energiekunden in Voll- und Teilzeit gesucht.	☐	Fachverkäufer für Bäckereirohstoffe (m/w/d) – Bäckermeister gesucht.
☐	Anlagenmechaniker (m/w/d) für Sanitär-, Heizungs- und Klimatechnik gesucht.	☐	Engagierte Mitarbeiter mit Eigeninitiative gesucht, hoher Verdienst.

3 In der folgenden Anzeige sind Anforderungen an den Bewerber/ die Bewerberin formuliert. Schreiben Sie mit eigenen Worten in die Spalte, was diese bedeuten.

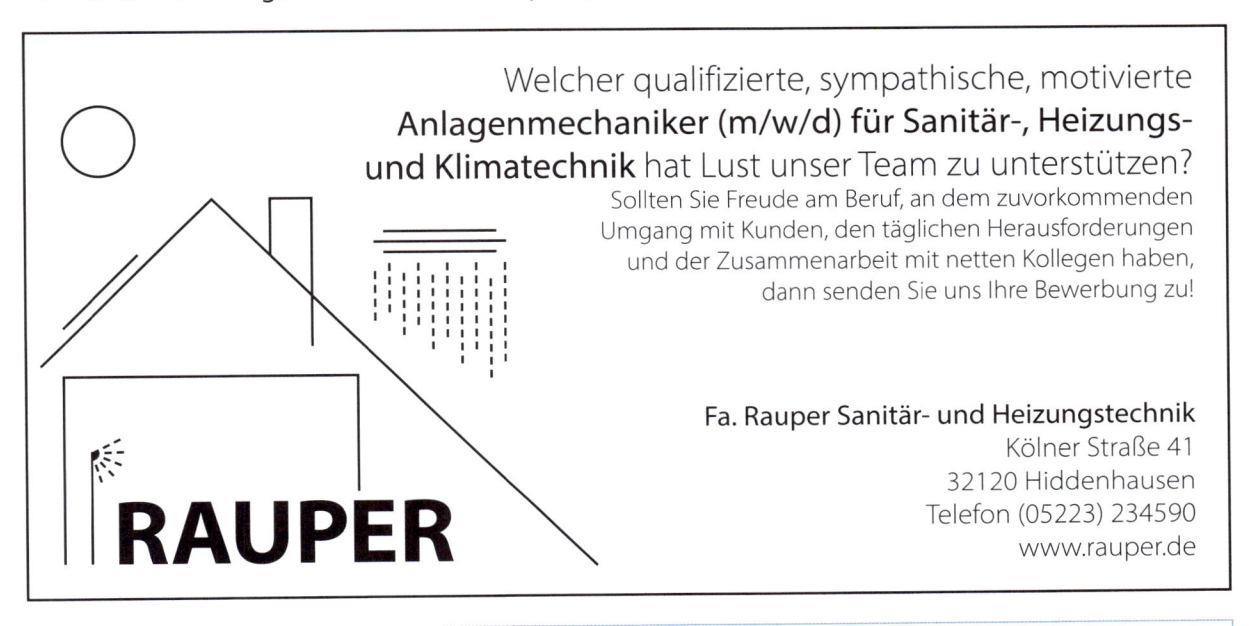

Welcher qualifizierte, sympathische, motivierte **Anlagenmechaniker (m/w/d) für Sanitär-, Heizungs- und Klimatechnik** hat Lust unser Team zu unterstützen?
Sollten Sie Freude am Beruf, an dem zuvorkommenden Umgang mit Kunden, den täglichen Herausforderungen und der Zusammenarbeit mit netten Kollegen haben, dann senden Sie uns Ihre Bewerbung zu!

Fa. Rauper Sanitär- und Heizungstechnik
Kölner Straße 41
32120 Hiddenhausen
Telefon (05223) 234590
www.rauper.de

RAUPER

qualifiziert	Berufsausbildung als Anlagenmechaniker für Sanitär-, Heizungs- und Klimatechnik
motiviert, Freude am Beruf	
zuvorkommender Umgang mit Kunden	
tägliche Herausforderungen	
Zusammenarbeit mit netten Kollegen	

SICH BEWERBEN

4 Bewerten Sie die folgende Stellenanzeige.
Lesen Sie die Stellenbeschreibung für einen Hausmeister (w/m/d) in Kiel.

> ### Stellenbeschreibung
>
> Wir sind ein großes, überregionales Wohnungsbauunternehmen und bewirtschaften circa 15.000 eigene und fremde Wohnungen. Für unser Büro in Kiel suchen wir ab sofort einen **Hausmeister (w/m/d)**.
>
> **Ihre Aufgabe** umfasst vielfältige Tätigkeitsbereiche. Schwerpunkte sind das Betreuen unserer Mieterschaft, das Überwachen der Arbeiten von Fremdfirmen, das Durchführen von Kleininstandsetzungsarbeiten, die Gewährleistung der Schnee- und Eisbeseitigung im Winter, die Pflege der Außenanlagen sowie das Unterstützen des kaufmännischen Personals in Vermietungsangelegenheiten und des technischen Personals bei Sanierungs- bzw. Modernisierungsmaßnahmen.
>
> Sie weisen eine Ausbildung nach, bringen handwerkliches Geschick mit oder haben bereits Berufserfahrung in einer ähnlichen Position gesammelt. Sie verfügen über den Führerschein der Klasse B und besitzen einen eigenen Pkw. Den sicheren Umgang mit den gängigen EDV-Systemen setzen wir voraus. Sie denken kundenorientiert, kostenbewusst und arbeiten gerne im Team.
>
> Bitte senden Sie Ihre aussagefähigen Bewerbungsunterlagen mit vollständigen Informationen (tabellarischer Lebenslauf, Zeugniskopien, Angabe des eventuellen Eintrittstermins) an:
>
> **Service Wohnbau Kiel GmbH**
> Personalabteilung
> An der Förde 23
> 24107 Kiel
> www.service-wohnbau.de

5 Schreiben Sie die Anforderungen mit eigenen Worten in die rechte Spalte.

das Betreuen unserer Mieterschaft	
das Durchführen von Kleininstandsetzungsarbeiten	
das Überwachen der Arbeiten von Fremdfirmen	
die Pflege der Außenanlagen, die Gewährleistung der Schnee- und Eisbeseitigung im Winter	
Unterstützen des kaufmännischen Personals in Vermietungsangelegenheiten und des technischen Personals bei Sanierungsmaßnahmen	

SICH BEWERBEN

6 Lesen Sie die Informationen zu den drei Personen. Kreuzen Sie an, welche Person die besten Voraussetzungen für eine erfolgreiche Stellenbewerbung mitbringt. Begründen Sie Ihre Aussage.

Marina Löpp, 20 Jahre, Ausbildung zur Bürokauffrau wird am 31.7. abgeschlossen, gute EDV-Kenntnisse, Führerschein, kein eigener PKW, als Schülerin im Verkauf und an einer Tankstelle an der Kasse gearbeitet, handwerklich geschickt, sehr gutes Halbjahreszeugnis, gute Arbeitszeugnisse von Tankstelle und Einzelhandel.	☐
Christos Mavroudis, 22 Jahre, Ausbildung zum Anlagemechaniker Heizungs- und Klimatechnik wird am 31.7. abgeschlossen, vor Ausbildung jeweils 1 Jahr befristete Arbeitsverhältnisse bei einem Gartenbaubetrieb und einem Call-Center, das Fehlermeldungen von Windkraftanlagen an die zuständigen Reparaturteams kommuniziert; Auto und Führerschein vorhanden, gutes Halbjahreszeugnis, gute Arbeitszeugnisse von Gartenbaubetrieb und Call-Center.	☐
Markus Gast, 19 Jahre, Ausbildung zum Heizungstechniker wird am 31.7. abgeschlossen, seit 5 Jahren Mitglied der freiwilligen Feuerwehr, Auto und Führerschein vorhanden, keine Berufserfahrungen außer in der Ausbildung, mittelmäßiges Halbjahreszeugnis.	☐

Begründung:

7 Vervollständigen Sie die folgenden Sätze.

Es handelt sich um eine seriöse Stellenanzeige, weil

Die Stelle ist anspruchsvoll, weil

SICH BEWERBEN

Die Bewerbungsunterlagen

Das **Bewerbungsschreiben** ist Ihr Aushängeschild. Wenn dies fehlerhaft und wenig aussagekräftig ist, dann werden in der Regel die anderen Unterlagen nicht mehr gelesen!

Vorgaben für ein Bewerbungsschreiben:

1. **Form:** An DIN 5008 Norm orientieren (linker Rand 2,41 cm, rechter Rand 0,81 cm, oberer Rand 1,69 cm, unterer Rand 2,0 cm
2. **Inhalt:**
   a) **Kopf:** eigene Adresse (Straße, Hausnummer, Postleitzahl, Wohnort), Telefonnummer und E-Mail-Adresse, vollständige Anschrift des Unternehmens, Datum, Betreffzeile: der Zweck (Bewerbung und auf welche Stelle erkennbar machen), Anrede (Sehr geehrte/r Frau/Herr,… wenn ein Namen bekannt ist; ansonsten Sehr geehrte Damen und Herren,…)
   b) **Einstieg:** Woher haben Sie von der Stelle erfahren? Welche Stelle wollen Sie besetzen?
   c) **Hauptteil:**
   - Begründen Sie, warum Sie genau in dieser Firma arbeiten wollen. Zeigen Sie, dass Sie sich informiert haben.
   - Erklären Sie, welche Anforderungen Sie erfüllen.
   - Stellen Sie dar, warum gerade Sie für diese Stelle besonders geeignet sind. Verbinden Sie Ihre Fähigkeiten und das Anforderungsprofil miteinander, gehen Sie auf bestehende Erfahrungen in dem oder einem verwandten Bereich ein.
   - Geben Sie Ihre jetzige Tätigkeit an, ggf. wann Sie einen Abschluss machen und für die Stelle zur Verfügung stehen.
   d) **Abschluss:**
   - Schlusssatz: Ich freue mich über die Einladung zu …
   - Grußformel: Mit freundlichen Grüßen
   - Eigenhändige Unterschrift mit Vor- und Nachnamen
   - Liste der Anlagen, die Sie beifügen

1 Christos Mavroudis möchte sich gern auf die Stelle als Hausmeister bewerben. Lesen Sie nochmals die Stellenausschreibung auf Seite 118. Links erhalten Sie Informationen zu seinen bisherigen Tätigkeiten. Schreiben Sie rechts, welche Kenntnisse und Fähigkeiten er erworben hat, die für die Stelle als Hausmeister besonders wichtig sind.

Gartenbaubetrieb: Pflege der Außenanlagen von größeren Wohnanlagen, Winterdienst, Organisieren des Mülls für die Müllabfuhr	
Call-Center für die Koordination von Reparaturbedarf an den Windkrafträdern und der Reparaturteams: Fehlermeldungen auswerten, im Informationssystem nachschauen, welches Team verständigt wird, die Fehlermeldung durchgeben, Zeit- und Reparaturabsprachen mit der Teamleitung treffen, auf Anweisung der Teamleitung die Abteilung für Material einschalten	
Anlagenmechaniker/innen fertigen Bauteile und montieren sie zu Baugruppen, Apparaten, Rohrleitungssystemen und Anlagen. Sie halten diese auch instand, erweitern sie oder bauen sie um.	

SICH BEWERBEN

2 Ordnen Sie die Textabschnitte des Bewerbungsschreibens in der richtigen Reihenfolge, indem Sie die richtige Zahl in das Kästchen eintragen und in die rechte Spalte schreiben, um welchen Teil des Inhalts es sich handelt.

Textabschnitt	Nr.	Inhalt
Sie suchen in Ihrer Anzeige in der Online-Ausgabe der Stellenanzeigen des Hamburger Abendblattes vom 23.07.2022 einen Hausmeister für die von Ihnen bewirtschafteten Wohnungen in Hamburg.	6	Einstieg
Christos Mavroudis, Altonaer Straße 61, 20357 Hamburg — T: 040 689 775, E-Mail: ch.mavroudis@hhweb.net	1	Absender
Gern würde ich für Ihr Unternehmen tätig werden, da mir die Stelle die Möglichkeit gibt, meine unterschiedlichen Erfahrungen aus Beruf und Ausbildung miteinander zu verbinden und sowohl im Team als auch eigenständig an den Wünschen der Kunden orientiert zu arbeiten.	9	Motivation
Sehr geehrte Damen und Herren,	5	Anrede
Service Wohnbau Kiel GmbH, Personalabteilung, An der Förde 23, 24107 Kiel, www.service-wohnbau.de	2	Empfängeranschrift
Bewerbung um die Arbeitsstelle als Hausmeister	4	Betreff
Mit freundlichen Grüßen, Christos Mavroudis	11	Grußformel / Unterschrift
Ich bin mit der Organisation und Durchführung von Gartenpflege und Winterdienst bestens vertraut, weil ich vor meiner Ausbildung zum Anlagenmechaniker ein Jahr lang für einen Gartenbaubetrieb in Hamburg gearbeitet habe. Wir haben hauptsächlich Gartenanlagen von großen Wohnungskomplexen angelegt, gepflegt und den Winterdienst verrichtet. Erfahrungen im Umgang mit Kooperation und Informationsweitergabe konnte ich bei einem Call-Center für Windkraftanlagen sammeln. Dabei entdeckte ich meine Stärken in den Bereichen Teamfähigkeit, präzise Sprache und Kommunikationskompetenz und die Freude an einem vielseitigen Arbeitsbereich.	8	Hauptteil (Berufserfahrung / Qualifikationen)
Ich würde mich freuen, wenn Sie mir die Gelegenheit zu einem persönlichen Gespräch geben würden.	10	Schlusssatz
Ich mache zurzeit eine Ausbildung als Anlagetechniker für Sanitär-/Heizungs- und Klimatechnik bei der Firma Grimm & Dittmer Sanitärtechnik GmbH in HH-Wedel. Diese werde ich zum 30.07.2022 beenden und stünde Ihnen zum 02.08.2022 mit meinem PKW zur Verfügung.	7	Hauptteil (aktuelle Situation)
Tabellarischer Lebenslauf; Zeugniskopie; 2 Arbeitszeugnisse	12	Anlagen
Hamburg, den 26.07.2022	3	Ort und Datum

SICH BEWERBEN

Der Lebenslauf

Lebenslauf schreiben
1. Der Lebenslauf soll einen Überblick über das bisherige Leben in Bezug auf den Arbeitsplatz geben, deshalb passen Sie den Lebenslauf den Anforderungen der Stellenausschreibung an.
2. Im Lebenslauf geben Sie kurz und in tabellarischer Form Auskunft zu folgenden Punkten: Persönliche Angaben, Schulbildung, Weiterbildungen, Praktika, Berufserfahrung, Angaben zu Bundeswehrzeiten oder Freiwilligendiensten, besondere Kenntnisse und Hobbys. Dabei können Sie chronologisch oder mit den aktuellsten Informationen beginnen.
3. Der Lebenslauf sollte bei Berufseinsteigern nicht länger als eine Seite sein.
4. Ort, Datum und am Ende eine eigenhändige Unterschrift sind notwendig!

1 Schreiben Sie die Informationen aus dem Kasten in die entsprechenden Rubriken.

08/2010–07/2016 Gesamtschule Pinneberg Nord • 08/2016–07/2017 Freiwilliges Soziales Jahr in der Jugendhilfe Föhrenhof • fließend Griechisch in Wort und Schrift • 08/2017–07/2018 Hotelportier in Athen • 08/2018–06/2019 Gartenbaubetrieb Nagel in Pinneberg • Führerschein Klasse BE • 10/2019–07/2020 Callcenter von Vestas Windkraftanlagen in Husum • 08/2020–07/2022 Ausbildung zum Anlagenmechaniker Sanitätsbetrieb Bauer in Hamburg Altona • 08/2020–07/2022 Berufsschule Hamburg Altona • 08/2006–07/2010 Grundschule Pinneberg Nord

Schulbildung

Besondere Kenntnisse

SICH BEWERBEN

2 Schreiben Sie Ihren eigenen Lebenslauf in dieses Formular.

Lebenslauf

Persönliche Angaben

- Name
- Geburtsdatum
- Geburtsort
- Anschrift
- Telefon
- E-Mail
- Eltern
- Geschwister
- Familienstand
- Staatsangehörigkeit

hier das eigene Foto einkleben

Schulbildung

Praktika

Besondere Kenntnisse

Hobby

SACHWORTREGISTER

Symbole
5-Schritt-Lesetechnik 52

A
Abonnement 106
– -zeitungen 108
aktives Zuhören 15
Argumentation 23, 94
argumentieren 20, 24
Argumenttypen 21

B
Bericht 28
– schreiben 29
Berichterstattung 108
Berichtsheft 30
Bewerbungsschreiben 122
Bewerbungsunterlagen 122
Body 66
Boulevard 106, 108

D
diagonales Lesen 46
Diagramm 61
DIN 5008 42
Diskussion 24

E
Erfahrungsbericht 31
Ergebnisprotokoll 26
Erörterung 90
– Verfassen der 94
Erzählstruktur 82
exzerpieren 112

F
Fragearten 14

G
Geschäftsbrief 42, 44

H
Headline 66

I
Informationsgespräch 14
Inhaltswiedergabe 84, 86

K
Kommentar 70, 72
Kommunikation 11, 12
Kommunikationsabsicht 64
Kommunikationskompetenz 11
Kommunikationsmodell 18
Konjunktion 22
Kreisdiagramm 60
Kurzgeschichte 78, 80

L
Lead 66
Lebenslauf 124
Leseprotokoll 49
Lesetechniken 46

M
Medien 104
Menschenkenntnis 6
Mindmap 56

N
Nachricht 66

P
Personenbeschreibung 38, 40
Presse 106
Produktbeschreibung 36
Protokoll 26

Q
Quellenangabe 114, 117
querlesen 46

S
Sachtext 64
– -analyse 96
Schaubild 58
– anfertigen 60
– auswerten 58
Schlagzeile 66
Schlussfolgerung 24
Selbsteinschätzung 5
Sprache 8
Sprachfunktion 9
sprachliche Mittel 76, 98
Steckbrief 4
Stellenanzeige 118, 120
Stellenbeschreibung 120

T
Textanalyse
– Verfassen einer 100
Texte unterscheiden 64
Textsorten 65
Textüberarbeitung 62

U
Unfallbericht 68
Untertitel 66

V
Verkaufsgespräch 16
Verlaufsprotokoll 26
Vorgangsbeschreibung 32

W
Wegbeschreibung 34
Werbung 74
W-Fragen 28, 66

Z
zitieren 114, 116